2022年
中国农村合作经济
统计年报

2022 NIAN
ZHONGGUO NONGCUN HEZUO JINGJI
TONGJI NIANBAO

农业农村部农村合作经济指导司 编

中国农业出版社
北 京

图书在版编目（CIP）数据

中国农村合作经济统计年报.2022年/农业农村部
农村合作经济指导司编.—北京：中国农业出版社，
2024.1

ISBN 978-7-109-31405-4

Ⅰ.①中… Ⅱ.①农… Ⅲ.①农村合作经济—统计资
料—中国—2022—年报 Ⅳ.①F325.12-66

中国国家版本馆CIP数据核字（2023）第218801号

中国农业出版社出版

地址：北京市朝阳区麦子店街18号楼
邮编：100125
责任编辑：李 梅 文字编辑：李海锋
责任校对：吴丽婷
印刷：北京通州皇家印刷厂
版次：2024年1月第1版
印次：2024年1月北京第1次印刷
发行：新华书店北京发行所
开本：880mm×1230mm 1/32
印张：4
字数：115千字
定价：38.00元

编写委员会

主　　编：张天佐

副主编：陈邦勋　赵铁桥　张　涛　仲鹭勃

参　　编：（按姓名笔画排序）

马　晔　王　蕾　王海鹏　王梦颖　王彩明

朱丽丽　孙少磊　李　伟　李世武　李政良

李政通　杨曦彤　张　成　张海姣　呼　倩

胡　辉　高小军　郭娜英

（各地参编人员）

石　慧（北京）　吴荣茂（天津）　靖海锋（河北）

任路路（山西）　张晶晶（内蒙古）　梁　丽（辽宁）

于　雷（吉林）　谢忠秋（黑龙江）　张　礌（上海）

李潇潇（江苏）　余鸿斌（浙江）　周丹丹（安徽）

郑　佳（福建）　于　航（江西）　沈建波（山东）

雒佩丽（河南）　刘　良（湖北）　杨跃鹏（湖南）

肖玉军（广东）　刘　君（广西）　李泽康（海南）

周清泉（重庆）　何　苗（四川）　贺肖寒（贵州）

杨　明（云南）　庹书炜（陕西）　甄　玲（甘肃）

马　昊（青海）　白　茹（宁夏）　徐正伟（新疆）

扎西旺扎（西藏）

目　录

第一篇

2022 年农村合作经济统计数据

1

表 1　全国家庭农场情况统计表

指标名称	代码	计量单位	数量	比上年增长 (%)
一、家庭农场基本情况				
（一）家庭农场数量	1	个	3 934 281	0.5
其中：县级及以上农业农村部门评定的示范家庭农场	2	个	201 787	19.0
（二）家庭农场经营土地面积	3	亩*	697 754 222.6	3.6
1.耕地	4	亩	312 327 039.0	0.7
其中：（1）家庭承包经营	5	亩	73 194 888.2	2.5
（2）流转经营	6	亩	205 475 250.7	1.5
2.园地	7	亩	2 585 010.7	5.0
3.林地	8	亩	14 093 409.8	−13.0
4.草地	9	亩	346 874 247.3	7.7
5.水面	10	亩	13 526 735.6	−7.0
6.其他	11	亩	8 347 780.3	3.7
（三）家庭农场劳动力数量	12	个	12 342 957	16.9
1.家庭成员劳动力	13	个	8 585 501	17.2
2.常年雇工劳动力	14	个	3 757 456	16.2
二、家庭农场行业分布情况				
（一）种植业	15	个	2 587 907	−0.9
其中：粮食产业	16	个	1 765 178	14.2
1.经营土地面积 50～100 亩	17	个	596 780	14.2
2.经营土地面积 100～200 亩	18	个	434 593	16.3
3.经营土地面积 200～500 亩	19	个	246 001	22.4
4.经营土地面积 500 亩以上	20	个	50 413	6.4
（二）畜牧业	21	个	716 679	1.5
其中：1.生猪产业	22	个	217 346	17.1
2.奶业	23	个	42 950	−24.1

---

　*　亩为非法定计量单位，1 亩 ≈ 667 米^2。——编者注

（续）

指标名称	代码	计量单位	数量	比上年增长（%）
（三）渔业	24	个	183 693	−1.8
（四）林业	25	个	22 652	11.4
（五）种养结合	26	个	323 817	8.3
（六）农业服务业	27	个	10 870	−33.1
（七）其他	28	个	88 663	18.0
三、家庭农场经营情况				
（一）年经营总收入	29	万元	129 496 435.6	8.4
1.10 万元以下	30	个	1 370 318	−11.9
2.10 万～30 万元	31	个	1 737 600	7.7
3.30 万～50 万元	32	个	422 888	8.0
4.50 万元以上	33	个	403 475	13.7
（二）年净利润	34	万元	45 701 649.6	−6.4
（三）拥有注册商标的家庭农场数	35	个	83 353	8.2
（四）通过质量认证的家庭农场数	36	个	254 499	12.9
（五）粮食作物种植面积	37	亩	262 588 637.3	17.1
（六）粮食产量	38	万斤*	31 973 032.3	20.5
四、扶持家庭农场发展情况				
（一）获得财政扶持资金的家庭农场数	39	个	117 838	3.5
（二）各级财政扶持资金总额	40	万元	1 314 855.2	−58.4
（三）获得贷款支持的家庭农场数	41	个	133 704	18.3
1.20 万元以下	42	个	87 656	21.4
2.20 万～50 万元	43	个	32 178	14.1
3.50 万元以上	44	个	13 870	10.2
（四）获得贷款资金总额	45	万元	3 685 288.7	−23.6
其中：贷款余额	46	万元	1 807 771.3	−37.4
（五）购买农业保险的家庭农场数	47	个	1 623 622	9.3

---

* 斤为非法定计量单位，1 斤 =500 克。——编者注

表 1-1　各地区家庭农场情况统计表

地区	家庭农场数量	县级及以上农业农村部门评定的示范家庭农场数量	家庭农场经营土地面积	家庭农场经营耕地面积
	个	个	亩	亩
全　国	3 934 281	201 787	697 754 222.6	312 327 039.0
北　京	3 581	457	201 188.8	134 058.1
天　津	11 939	586	1 531 305.1	1 367 286.9
河　北	137 708	10 315	14 775 147.7	13 759 140.5
山　西	59 831	3 052	3 807 729.7	3 561 377.2
内蒙古	274 292	7 372	297 915 387.7	31 538 489.4
辽　宁	91 296	3 706	7 286 295.8	6 422 316.1
吉　林	97 928	5 428	14 867 007.1	14 176 241.7
黑龙江	415 825	7 418	62 912 134.4	62 531 785.1
上　海	3 793	278	588 200.3	585 014.0
江　苏	167 942	23 593	21 903 638.4	18 701 113.9
浙　江	100 752	6 232	6 477 821.1	4 646 331.3
安　徽	188 224	12 887	28 793 782.2	23 361 529.7
福　建	111 458	4 772	4 511 476.8	2 800 834.7
江　西	89 083	4 110	9 941 777.5	8 387 750.3
山　东	578 460	9 920	26 966 038.2	25 191 282.6
河　南	260 383	7 477	19 070 364.9	18 080 824.7
湖　北	176 256	7 757	11 321 264.6	8 508 574.8
湖　南	189 497	12 261	18 224 150.3	14 957 936.2
广　东	148 821	3 447	6 469 993.8	3 459 370.6
广　西	123 235	4 166	4 768 275.8	2 930 336.4
海　南	18 895	185	804 533.0	398 106.7
重　庆	34 348	2 370	1 688 236.7	1 364 752.5
四　川	225 767	35 498	14 054 043.9	9 528 620.7
贵　州	35 569	3 376	2 400 483.7	2 039 712.5
云　南	80 824	5 731	4 269 304.6	2 972 398.4
西　藏	9 264	185	9 213 379.3	14 371.3
陕　西	97 114	9 697	5 096 946.2	4 428 074.2
甘　肃	58 736	4 999	36 737 846.4	3 624 546.3
青　海	19 363	1 322	32 732 495.3	1 053 356.7
宁　夏	14 712	928	1 865 863.7	1 747 234.3
新　疆	109 385	2 262	26 558 109.4	20 054 271.4

（续）

地区	家庭承包经营	流转经营	家庭农场经营园地面积	家庭农场经营林地面积
	亩	亩	亩	亩
全　国	73 194 888.2	205 475 250.7	2 585 010.7	14 093 409.8
北　京	123 440.0	10 618.1	6 928.3	42 493.5
天　津	239 883.0	1 127 403.9	3 734.9	20 946.0
河　北	1 683 207.0	9 603 922.4	39 715.2	329 042.4
山　西	1 136 566.0	2 396 703.0	14 968.5	95 936.3
内蒙古	14 007 341.0	16 831 148.3	18 772.3	1 176 404.1
辽　宁	1 334 450.0	3 528 721.9	19 392.3	215 466.2
吉　林	3 494 165.0	8 940 870.4	10 890.9	377 728.8
黑龙江	15 858 214.0	30 407 415.4	6 249.4	119 104.4
上　海	36 199.3	548 814.7	844.3	1 115.0
江　苏	1 131 647.0	17 569 466.9	129 248.9	193 685.4
浙　江	807 603.0	3 838 728.3	117 064.5	815 119.1
安　徽	2 221 830.0	18 839 699.7	134 332.8	857 139.4
福　建	786 810.0	1 454 024.7	162 225.2	753 247.9
江　西	1 052 535.0	6 335 215.3	86 326.6	751 808.6
山　东	5 560 551.0	19 630 731.6	125 467.5	422 720.7
河　南	2 579 783.0	15 501 041.7	43 663.8	431 833.7
湖　北	2 290 148.0	6 218 426.8	147 890.1	716 044.6
湖　南	1 112 781.0	12 045 155.2	164 600.0	1 671 753.7
广　东	1 251 238.0	2 208 132.6	335 304.8	792 654.1
广　西	1 644 100.0	1 286 236.4	106 142.0	1 241 227.8
海　南	200 574.0	185 807.9	55 508.4	59 649.9
重　庆	214 717.0	1 150 035.5	25 471.8	94 455.8
四　川	1 407 662.0	8 120 958.7	301 984.4	1 048 761.8
贵　州	800 258.0	1 239 454.5	48 582.9	195 163.5
云　南	1 400 430.0	1 571 968.4	85 003.6	913 092.4
西　藏	8 967.3	5 404.0	129.7	6 780.0
陕　西	1 616 320.0	2 811 754.2	159 769.3	312 711.5
甘　肃	1 440 733.5	1 583 812.8	65 521.8	105 817.7
青　海	685 172.0	368 184.7	2 137.4	39 205.2
宁　夏	427 626.0	1 319 608.3	8 040.8	44 512.2
新　疆	6 639 937.0	8 795 784.5	159 098.5	247 788.1

(续)

地　区	家庭农场经营草地面积	家庭农场经营水面面积	家庭农场经营其他面积	家庭农场劳动力数量
	亩	亩	亩	个
全　国	**346 874 247.3**	**13 526 735.6**	**8 347 780.3**	**12 342 957**
北　京	340.8	6 755.7	10 612.5	11 234
天　津	325.2	114 226.5	24 785.6	32 360
河　北	21 544.4	400 966.7	224 738.5	442 497
山　西	16 904.8	12 355.4	106 187.4	161 337
内蒙古	264 825 249.1	59 444.8	297 027.9	514 132
辽　宁	3 491.5	503 716.5	121 913.2	258 728
吉　林	23 762.6	41 706.6	236 676.5	260 213
黑龙江	38 929.4	157 998.1	58 068.0	978 966
上　海	0.0	1 165.5	61.6	10 033
江　苏	12 876.1	2 618 055.6	248 658.6	491 625
浙　江	6 384.1	556 763.2	336 159.0	303 609
安　徽	11 648.7	1 163 944.8	3 265 186.8	708 341
福　建	11 086.5	651 863.8	132 218.7	848 386
江　西	23 573.5	514 169.3	178 149.3	317 706
山　东	19 214.0	817 170.2	390 183.1	1 882 592
河　南	15 918.1	246 804.6	251 320.0	817 687
湖　北	24 912.9	1 640 452.2	283 390.1	598 462
湖　南	70 885.2	781 602.5	577 372.8	715 679
广　东	12 300.1	1 617 765.1	252 599.3	308 869
广　西	28 769.7	230 905.5	230 894.5	339 996
海　南	6 358.8	266 388.1	18 521.1	52 369
重　庆	3 841.8	144 316.9	55 397.9	166 235
四　川	2 120 272.4	622 470.4	431 934.4	862 897
贵　州	28 398.6	19 706.4	68 919.8	146 156
云　南	58 447.9	74 340.3	166 021.9	269 158
西　藏	9 191 280.2	162.1	655.9	32 410
陕　西	36 123.8	47 447.0	112 820.6	266 922
甘　肃	32 854 849.0	26 264.1	60 847.5	158 156
青　海	31 620 492.3	69.5	17 234.3	52 016
宁　夏	21 780.5	23 607.9	20 688.0	35 354
新　疆	5 764 285.4	164 130.4	168 535.6	298 832

（续）

地区	家庭成员劳动力	常年雇工劳动力	种植业家庭农场	粮食产业家庭农场
	个	个	个	个
全 国	**8 585 501**	**3 757 456**	**2 587 907**	**1 765 178**
北 京	8 339	2 895	2 594	524
天 津	24 089	8 271	6 616	4 201
河 北	303 471	139 026	81 484	65 921
山 西	132 279	29 058	38 081	18 980
内蒙古	465 770	48 362	129 492	101 214
辽 宁	193 875	64 853	61 666	48 241
吉 林	195 195	65 018	83 708	73 661
黑龙江	848 578	130 388	393 719	369 300
上 海	5 970	4 063	3 623	3 623
江 苏	361 620	130 005	109 546	88 688
浙 江	212 061	91 548	70 371	18 402
安 徽	403 593	304 748	134 809	105 118
福 建	138 932	709 454	64 883	13 449
江 西	199 669	118 037	60 228	44 583
山 东	1 537 476	345 116	464 354	317 735
河 南	612 296	205 391	180 854	154 747
湖 北	400 111	198 351	101 508	62 542
湖 南	476 957	238 722	114 039	102 044
广 东	213 962	94 907	66 009	11 565
广 西	251 658	88 338	72 214	20 945
海 南	37 553	14 816	5 755	1 923
重 庆	102 515	63 720	14 381	4 757
四 川	517 061	345 836	101 309	48 755
贵 州	84 694	61 462	15 251	5 747
云 南	209 663	59 495	44 558	11 865
西 藏	18 520	13 890	623	495
陕 西	230 437	36 485	61 971	22 364
甘 肃	124 239	33 917	17 645	10 242
青 海	43 541	8 475	2 477	1 965
宁 夏	30 161	5 193	6 838	5 992
新 疆	201 216	97 616	77 301	25 590

（续）

地区	种粮面积 50 ～ 100 亩的家庭农场	种粮面积 100 ～ 200 亩的家庭农场	种粮面积 200 ～ 500 亩的家庭农场	种粮面积 500 亩以上的家庭农场
	个	个	个	个
全　国	596 780	434 593	246 001	50 413
北　京	134	82	70	23
天　津	1 120	902	876	534
河　北	18 302	19 907	13 714	2 668
山　西	8 211	5 834	2 314	524
内蒙古	15 889	59 849	17 831	3 963
辽　宁	9 506	12 751	5 247	1 235
吉　林	21 126	29 496	13 172	2 345
黑龙江	177 335	107 334	72 417	12 214
上　海	351	2 851	376	10
江　苏	16 178	22 978	21 580	5 717
浙　江	2 842	2 889	3 430	1 253
安　徽	31 920	32 319	21 200	5 394
福　建	2 856	970	461	67
江　西	16 110	10 080	7 895	1 448
山　东	126 669	34 750	14 603	2 392
河　南	59 285	28 653	14 859	2 775
湖　北	22 700	9 086	3 836	754
湖　南	26 186	24 764	14 239	1 662
广　东	2 601	1 286	502	110
广　西	2 991	784	296	46
海　南	446	108	41	7
重　庆	1 365	712	419	87
四　川	12 209	6 197	3 833	1 031
贵　州	1 038	503	349	55
云　南	4 190	2 184	698	101
西　藏	132	68	23	12
陕　西	4 499	3 831	2 237	447
甘　肃	3 316	2 876	1 459	454
青　海	154	372	622	281
宁　夏	912	1 908	1 196	451
新　疆	6 207	8 269	6 206	2 353

（续）

地区	畜牧业家庭农场	生猪产业家庭农场	奶业家庭农场	渔业家庭农场
	个	个	个	个
全 国	**716 679**	**217 346**	**42 950**	**183 693**
北 京	201	7	8	232
天 津	3 639	1 503	116	1 085
河 北	41 878	10 987	4 692	2 228
山 西	17 467	5 729	594	165
内蒙古	94 649	4 769	6 059	151
辽 宁	18 890	4 044	548	4 928
吉 林	6 427	1 245	582	145
黑龙江	10 988	3 586	679	298
上 海	3	0	0	9
江 苏	13 376	3 127	181	31 219
浙 江	6 734	1 296	71	14 057
安 徽	20 557	5 514	343	6 423
福 建	10 018	1 605	80	19 649
江 西	8 585	2 032	123	3 938
山 东	67 409	23 228	2 949	4 871
河 南	59 898	26 861	1 193	2 547
湖 北	29 479	16 097	402	18 700
湖 南	28 346	11 500	334	9 315
广 东	24 170	5 089	21	38 630
广 西	30 333	9 583	210	3 873
海 南	4 609	606	46	4 630
重 庆	12 164	5 292	165	3 369
四 川	65 421	37 260	1 682	11 085
贵 州	16 056	8 688	183	487
云 南	24 125	13 592	537	785
西 藏	8 432	847	6 745	0
陕 西	20 286	7 624	1 259	469
甘 肃	27 392	4 164	1 052	80
青 海	15 885	536	3 393	0
宁 夏	4 615	417	131	107
新 疆	24 647	518	8 572	218

（续）

地区	林业家庭农场	种养结合家庭农场	农业服务业家庭农场	其他家庭农场
	个	个	个	个
全 国	**22 652**	**323 817**	**10 870**	**88 663**
北 京	411	111	3	29
天 津	37	490	3	69
河 北	331	8 795	84	2 908
山 西	896	2 765	87	370
内蒙古	104	48 918	19	959
辽 宁	339	3 118	133	2 222
吉 林	121	6 307	190	1 030
黑龙江	78	7 995	1 067	1 680
上 海	0	53	102	3
江 苏	857	9 615	171	3 158
浙 江	2 536	3 654	464	2 936
安 徽	1 346	20 152	320	4 617
福 建	696	10 352	83	5 777
江 西	496	12 853	676	2 307
山 东	2 335	14 073	1 313	24 105
河 南	1 008	11 591	219	4 266
湖 北	463	19 862	252	5 992
湖 南	3 087	32 085	114	2 511
广 东	165	10 539	4 187	5 121
广 西	2 529	11 502	62	2 722
海 南	3	1 641	13	2 244
重 庆	201	2 628	317	1 288
四 川	1 503	41 074	291	5 084
贵 州	148	2 887	45	695
云 南	1 646	8 411	52	1 247
西 藏	7	184	0	18
陕 西	262	11 021	182	2 923
甘 肃	165	11 719	106	1 629
青 海	2	835	51	113
宁 夏	264	2 734	27	127
新 疆	616	5 853	237	513

（续）

地区	家庭农场 年经营总收入 万元	年经营收入 10 万元 以下的家庭农场 个	年经营收入 10 万~ 30 万元的家庭农场 个	年经营收入 30 万~ 50 万的家庭农场 个
全　国	**129 496 435.6**	**1 370 318**	**1 737 600**	**422 888**
北　京	75 744.4	2 327	737	233
天　津	493 384.3	4 162	3 980	1 408
河　北	4 401 897.0	39 778	58 574	20 481
山　西	1 290 875.1	19 991	31 348	4 286
内蒙古	6 392 280.3	79 957	149 185	30 129
辽　宁	2 536 930.6	43 031	31 982	7 340
吉　林	4 736 679.4	34 757	43 439	11 587
黑龙江	22 975 219.7	190 132	169 151	37 807
上　海	99 604.5	172	2 804	716
江　苏	7 833 770.4	35 494	58 644	29 650
浙　江	3 194 414.0	30 199	41 823	12 783
安　徽	9 642 571.1	45 664	80 313	29 636
福　建	4 118 363.5	70 569	28 359	6 127
江　西	2 754 456.0	30 065	34 968	10 631
山　东	14 808 263.7	109 595	380 686	48 418
河　南	6 968 813.8	104 670	102 875	26 601
湖　北	4 617 123.9	56 608	76 767	23 654
湖　南	4 630 088.3	71 263	74 864	22 546
广　东	4 283 745.0	85 181	31 371	14 088
广　西	2 819 723.3	59 110	42 568	10 377
海　南	379 154.3	9 069	6 237	1 968
重　庆	742 418.4	17 358	11 169	2 892
四　川	7 018 060.2	86 129	86 854	24 636
贵　州	978 590.1	13 234	15 073	3 462
云　南	2 264 067.1	24 389	36 556	10 128
西　藏	89 867.2	8 980	276	6
陕　西	1 918 719.1	32 463	51 291	7 902
甘　肃	1 332 238.1	27 411	23 127	4 454
青　海	562 461.9	6 889	10 689	1 219
宁　夏	652 369.5	4 312	4 723	2 513
新　疆	4 884 541.8	27 359	47 167	15 210

(续)

地区	年经营收入 50 万元 以上的家庭农场 个	家庭农场 年净利润 万元	拥有注册商标的 家庭农场数 个	通过农产品质量 认证的家庭农场数 个
全　国	**403 475**	**45 701 649.6**	**83 353**	**254 499**
北　京	284	23 370.5	155	262
天　津	2 389	124 562.8	514	1 203
河　北	18 875	1 607 794.8	2 692	10 631
山　西	4 206	510 416.2	436	1 220
内蒙古	15 021	2 765 303.1	799	13 194
辽　宁	8 943	420 709.5	1 307	5 407
吉　林	8 145	1 458 920.8	2 936	3 391
黑龙江	18 735	5 864 468.0	2 276	6 129
上　海	101	40 293.9	94	742
江　苏	44 154	2 281 504.7	4 816	12 483
浙　江	15 947	1 138 032.2	7 401	11 749
安　徽	32 611	3 219 076.6	13 171	19 218
福　建	6 403	1 543 550.9	2 762	5 140
江　西	13 419	986 314.2	1 220	2 955
山　东	39 761	7 058 713.3	9 561	45 670
河　南	26 237	2 724 376.2	5 923	21 722
湖　北	19 227	1 789 241.8	2 786	6 043
湖　南	20 824	1 634 412.3	8 302	22 210
广　东	18 181	1 291 445.7	2 123	7 780
广　西	11 180	905 736.1	847	5 357
海　南	1 621	151 044.4	176	1 103
重　庆	2 929	248 954.5	1 295	2 976
四　川	28 148	2 440 167.2	6 964	22 171
贵　州	3 800	353 378.3	838	4 885
云　南	9 751	940 640.2	566	1 025
西　藏	2	22 792.0	5	37
陕　西	5 458	946 605.2	1 206	7 447
甘　肃	3 744	595 930.9	859	2 977
青　海	566	175 638.6	321	760
宁　夏	3 164	185 547.3	84	441
新　疆	19 649	2 252 707.4	918	8 171

（续）

地区	粮食作物种植面积	粮食产量	获得财政扶持资金的家庭农场数	各级财政扶持资金总额
	亩	万斤	个	万元
全 国	262 588 637.3	31 973 032.3	117 838	1 314 855.2
北 京	54 883.9	5 753.1	455	11 410.1
天 津	1 200 273.2	143 891.7	230	2 798.3
河 北	10 860 070.2	1 664 499.4	1 586	18 001.6
山 西	2 654 861.4	262 335.5	543	5 679.8
内蒙古	26 776 851.6	3 038 565.9	3 531	59 848.4
辽 宁	5 852 337.8	619 600.7	1 045	5 240.9
吉 林	12 817 250.6	1 908 982.9	1 142	16 185.4
黑龙江	76 898 245.6	6 309 618.0	1 318	8 598.3
上 海	585 014.0	62 877.9	3 758	49 689.0
江 苏	16 888 335.1	3 103 712.1	19 117	94 534.5
浙 江	2 802 955.9	303 921.3	8 567	80 822.0
安 徽	20 326 834.8	2 994 890.3	17 207	221 549.2
福 建	612 344.6	63 287.2	2 505	63 672.7
江 西	6 462 827.9	728 883.2	1 012	6 068.5
山 东	20 893 817.1	3 836 458.8	7 257	137 643.3
河 南	16 549 925.8	2 593 844.9	1 998	45 756.6
湖 北	5 862 859.3	730 101.4	3 822	15 988.5
湖 南	14 772 865.8	1 541 246.7	15 256	84 398.5
广 东	736 942.4	75 827.9	1 152	18 442.5
广 西	799 156.1	90 449.0	5 433	90 266.9
海 南	66 108.4	7 102.3	163	2 257.0
重 庆	482 458.1	32 904.8	1 629	13 845.4
四 川	4 504 018.3	499 178.7	9 804	171 233.2
贵 州	218 412.9	19 087.0	1 624	23 692.3
云 南	559 100.3	44 766.2	1 358	6 471.1
西 藏	48 205.0	11 060.0	106	1 256.0
陕 西	2 588 659.8	319 836.8	2 056	13 341.7
甘 肃	1 608 530.8	196 430.3	982	22 217.1
青 海	698 105.4	45 257.7	454	3 224.1
宁 夏	1 464 874.1	206 780.1	256	2 225.0
新 疆	5 941 511.4	511 880.6	2 472	18 497.6

（续）

地区	获得贷款支持的家庭农场数	获得贷款支持 20 万元以下的家庭农场	获得贷款支持 20 万~50 万元的家庭农场	获得贷款支持 50 万元以上的家庭农场
	个	个	个	个
全 国	**133 704**	**87 656**	**32 178**	**13 870**
北 京	55	24	9	22
天 津	208	51	75	82
河 北	1 141	623	315	203
山 西	1 186	786	283	117
内蒙古	8 819	6 948	1 451	420
辽 宁	1 087	545	235	307
吉 林	2 976	2 403	376	197
黑龙江	17 589	15 194	1 861	534
上 海	233	220	10	3
江 苏	6 935	3 161	2 355	1 419
浙 江	5 219	1 933	2 020	1 266
安 徽	10 760	6 749	2 773	1 238
福 建	2 142	1 276	633	233
江 西	3 983	1 132	2 177	674
山 东	8 474	5 523	2 162	789
河 南	2 900	1 913	698	289
湖 北	3 288	1 415	928	945
湖 南	8 421	7 110	872	439
广 东	822	450	241	131
广 西	2 084	1 450	460	174
海 南	293	204	50	39
重 庆	1 219	613	402	204
四 川	8 746	4 531	2 877	1 338
贵 州	3 258	1 932	958	368
云 南	3 983	2 522	1 122	339
西 藏	47	35	10	2
陕 西	2 568	1 737	637	194
甘 肃	3 123	2 161	806	156
青 海	2 333	1 907	347	79
宁 夏	1 594	490	705	399
新 疆	18 218	12 618	4 330	1 270

（续）

地区	获得贷款资金总额	贷款余额	购买农业保险的家庭农场数
	万元	万元	个
全 国	3 685 288.7	1 807 771.3	1 623 622
北 京	6 543.5	4 936.5	1 169
天 津	9 863.1	5 870.5	4 321
河 北	39 557.4	26 900.1	41 713
山 西	28 050.9	19 085.2	14 215
内蒙古	190 139.6	50 843.1	124 116
辽 宁	50 488.4	26 295.3	33 478
吉 林	50 527.6	24 353.3	64 451
黑龙江	235 206.4	85 819.5	199 894
上 海	3 780.8	2 990.9	3 781
江 苏	239 344.1	139 917.4	119 283
浙 江	212 828.2	140 556.7	25 204
安 徽	264 080.8	150 279.2	118 591
福 建	49 966.2	23 145.8	8 135
江 西	138 412.2	100 374.3	24 655
山 东	245 153.5	148 910.0	286 155
河 南	84 259.7	57 505.8	104 107
湖 北	156 015.1	88 536.3	36 383
湖 南	141 472.8	53 995.2	101 525
广 东	28 588.8	14 825.8	22 478
广 西	43 707.3	25 085.6	16 141
海 南	6 695.8	5 128.0	305
重 庆	40 267.8	30 380.7	8 972
四 川	372 739.2	228 746.6	94 800
贵 州	95 120.8	81 699.3	14 674
云 南	83 427.2	56 100.4	21 257
西 藏	1 720.0	396.0	836
陕 西	49 747.5	28 913.8	20 217
甘 肃	51 565.5	36 296.6	23 162
青 海	82 136.0	2 691.4	10 506
宁 夏	60 466.5	45 985.3	7 151
新 疆	623 416.2	101 206.9	71 947

表 2　全国农业社会化服务情况统计表

指标名称	代码	计量单位	数量	比上年增长（%）
一、农民专业合作社开展农业社会化服务情况				
（一）开展农业社会化服务的农民专业合作社数量	1	个	336 343	3.8
（二）从业人员数	2	人	4 149 178	2.6
（三）服务营业收入	3	万元	7 998 233.5	7.4
其中：服务小农户的营业收入	4	万元	4 845 267.2	5.0
（四）服务对象数量	5	个（户）	44 446 807	2.7
其中：服务小农户的数量	6	户	38 396 113	2.6
二、农村集体经济组织开展农业社会化服务情况				
（一）开展农业社会化服务的农村集体经济组织数量	7	个	74 968	6.1
（二）从业人员数	8	人	1 329 445	−0.4
（三）服务营业收入	9	万元	894 208.3	5.6
其中：服务小农户的营业收入	10	万元	515 637.6	10.5
（四）服务对象数量	11	个（户）	10 933 753	2.9
其中：服务小农户的数量	12	户	8 940 517	3.0
三、企业开展农业社会化服务情况				
（一）开展农业社会化服务的企业数量	13	个	42 216	6.5
（二）从业人员数	14	人	690 658	−15.0
（三）服务营业收入	15	万元	5 202 153.8	1.1
其中：服务小农户的营业收入	16	万元	2 280 205.4	4.4
（四）服务对象数量	17	个（户）	19 695 391	2.9
其中：服务小农户的数量	18	户	16 445 243	3.7
四、农业服务专业户开展农业社会化服务情况				
（一）开展农业社会化服务的农业服务专业户数量	19	个	561 563	1.8
（二）从业人员数	20	人	1 511 691	−1.7
（三）服务营业收入	21	万元	3 315 799.2	4.8
其中：服务小农户的营业收入	22	万元	2 121 038.4	−0.6
（四）服务对象数量	23	个（户）	24 511 019	−0.6
其中：服务小农户的数量	24	户	21 490 737	−0.6
五、供销合作社开展农业社会化服务情况				
（一）开展农业社会化服务的供销合作社数量	25	个	10 487	—
（二）从业人员数	26	人	53 546	—
（三）服务营业收入	27	万元	449 674.1	—

（续）

指标名称	代码	计量单位	数量	比上年增长（%）
其中：服务小农户的营业收入	28	万元	205 310.4	—
（四）服务对象数量	29	个（户）	3 361 972	—
其中：服务小农户的数量	30	户	2 699 796	—
六、服务协会开展农业社会化服务情况				
（一）开展农业社会化服务的服务协会数量	31	个	9 112	—
（二）从业人员数	32	人	43 864	—
（三）服务营业收入	33	万元	92 229.6	—
其中：服务小农户的营业收入	34	万元	80 134.5	—
（四）服务对象数量	35	个（户）	984 848	—
其中：服务小农户的数量	36	户	795 332	—
七、其他服务组织开展农业社会化服务情况				
（一）开展农业社会化服务的其他服务组织数量	37	个	35 317	—
（二）从业人员数	38	人	149 723	—
（三）服务营业收入	39	万元	386 839.0	—
其中：服务小农户的营业收入	40	万元	250 816.0	—
（四）服务对象数量	41	个（户）	2 939 660	—
其中：服务小农户的数量	42	户	2 795 771	—
八、农业生产托管服务情况				
（一）农业生产托管服务面积	43	亩次	1 974 164 598.0	5.4
其中：1. 耕	44	亩次	542 010 937.3	4.1
其中：小农户托管的面积	45	亩次	395 665 982.9	3.3
服务粮食作物面积	46	亩次	355 903 368.8	7.9
2. 种	47	亩次	448 073 297.4	5.2
其中：小农户托管的面积	48	亩次	328 789 516.4	3.4
服务粮食作物面积	49	亩次	306 946 217.3	8.1
3. 防	50	亩次	442 832 258.7	7.7
其中：小农户托管的面积	51	亩次	331 167 713.0	8.7
服务粮食作物面积	52	亩次	287 153 192.5	12.6
4. 收	53	亩次	541 248 104.6	5.2
其中：小农户托管的面积	54	亩次	413 744 086.1	6.6
服务粮食作物面积	55	亩次	378 139 646.9	7.1
（二）农业生产托管服务对象数量	56	个（户）	53 098 753	11.2
其中：服务小农户的数量	57	户	47 821 162	11.1

表 2-1　各地区农业社会化服务情况统计表

地区	开展农业社会化服务的农民专业合作社数量	农民专业合作社从业人员数	农民专业合作社服务营业收入	农民专业合作社服务小农户的营业收入	农民专业合作社服务对象数量
	个	人	万元	万元	个（户）
全　国	336 343	4 149 178	7 998 233.5	4 845 267.2	44 446 807
北　京	607	4 747	45 345.8	45 345.8	112 997
天　津	712	6 094	13 435.7	6 207.0	138 944
河　北	16 420	183 480	324 433.6	192 421.6	4 249 599
山　西	17 416	134 636	154 197.0	98 397.5	1 356 671
内蒙古	7 335	51 503	219 720.5	117 315.5	613 934
辽　宁	9 752	90 890	174 040.8	129 971.9	820 711
吉　林	12 886	119 597	195 136.3	144 007.7	744 835
黑龙江	5 492	63 523	264 878.3	196 386.9	457 607
上　海	308	2 901	17 398.9	2 858.9	16 096
江　苏	11 326	348 802	460 654.6	202 810.8	2 072 707
浙　江	4 339	45 121	235 005.5	126 451.6	396 432
安　徽	21 611	204 801	820 294.4	464 357.2	4 032 076
福　建	1 415	14 536	76 076.1	46 157.2	195 748
江　西	12 765	125 342	241 251.8	127 453.2	1 367 440
山　东	36 959	397 178	833 139.7	593 087.1	6 331 647
河　南	50 164	473 967	585 016.0	323 687.5	5 599 663
湖　北	16 265	234 861	893 158.1	648 680.0	2 386 872
湖　南	35 196	643 608	920 377.6	550 010.1	3 740 489
广　东	9 231	111 525	376 368.7	99 901.6	479 420
广　西	8 196	102 834	128 152.5	73 253.4	1 160 911
海　南	1 750	15 907	14 828.6	8 589.5	46 268
重　庆	3 566	21 619	43 325.5	22 371.8	605 662
四　川	8 512	144 107	176 148.9	105 680.9	2 478 871
贵　州	7 959	122 740	101 815.6	51 789.3	1 420 483
云　南	5 167	69 722	181 678.6	138 853.4	951 854
陕　西	13 964	207 003	185 157.3	115 451.9	989 277
甘　肃	10 086	151 786	109 560.4	71 096.4	644 159
青　海	851	5 128	16 343.1	14 337.9	117 938
宁　夏	553	4 490	28 568.2	19 937.6	198 551
新　疆	5 540	46 730	162 725.2	108 396.0	718 945

（续）

地区	农民专业合作社服务小农户的数量	开展农业社会化服务的农村集体经济组织数量	农村集体经济组织从业人员数	农村集体经济组织服务营业收入	农村集体经济组织服务小农户的营业收入
	户	个	人	万元	万元
全　国	**38 396 113**	**74 968**	**1 329 445**	**894 208.3**	**515 637.6**
北　京	112 997	0	0	0.0	0.0
天　津	110 747	121	884	743.7	312.2
河　北	3 932 693	3 063	55 106	32 733.7	25 828.0
山　西	1 230 607	3 106	51 340	17 011.9	9 518.4
内蒙古	530 977	324	2 169	3 774.5	2 507.3
辽　宁	763 969	610	4 486	5 431.3	3 772.0
吉　林	717 018	286	2 868	6 061.6	3 053.7
黑龙江	398 835	908	9 055	33 403.5	26 056.8
上　海	11 760	0	0	0.0	0.0
江　苏	1 641 987	3 299	92 164	89 441.0	32 260.1
浙　江	335 807	705	9 616	14 187.1	7 370.3
安　徽	3 541 902	4 551	34 611	75 862.2	54 960.2
福　建	188 709	154	20 871	35 601.2	29 979.1
江　西	1 124 512	3 096	28 783	6 328.3	3 789.9
山　东	5 586 596	7 644	84 598	81 317.5	64 093.6
河　南	5 039 519	9 413	71 582	63 415.7	38 493.4
湖　北	1 954 531	1 945	12 761	50 969.8	37 643.6
湖　南	3 038 098	7 343	250 606	173 418.0	101 760.3
广　东	396 917	6 806	142 003	64 865.4	10 627.1
广　西	907 356	2 397	85 143	14 902.7	4 945.4
海　南	42 821	1 421	54 087	2 694.1	1 130.1
重　庆	532 540	1 801	13 062	13 212.4	9 281.6
四　川	2 203 407	2 450	31 917	20 473.5	11 796.4
贵　州	946 286	4 551	105 682	18 830.5	7 897.6
云　南	839 986	1 213	6 561	3 795.1	2 394.0
陕　西	788 408	5 853	139 148	49 229.0	18 402.0
甘　肃	560 840	1 460	16 773	5 328.9	1 834.4
青　海	98 513	56	347	721.1	606.0
宁　夏	180 799	101	757	3 203.3	2 680.8
新　疆	636 976	291	2 465	7 251.1	2 643.5

(续)

地区	农村集体经济组织服务对象数量	农村集体经济组织服务小农户的数量	开展农业社会化服务的企业数量	企业从业人员数	企业服务营业收入	企业服务小农户的营业收入
	个（户）	户	个	人	万元	万元
全 国	**10 933 753**	**8 940 517**	**42 216**	**690 658**	**5 202 153.8**	**2 280 205.4**
北 京	0	0	134	6 060	90 969.5	25 261.9
天 津	14 485	10 551	115	934	21 164.2	1 577.3
河 北	581 503	451 490	2 589	27 481	94 813.3	50 082.7
山 西	426 007	305 244	1 084	7 777	23 699.3	17 410.8
内蒙古	22 073	16 323	409	1 936	22 280.0	18 424.1
辽 宁	100 372	92 193	2 293	8 354	39 425.5	19 781.9
吉 林	30 641	23 310	414	3 637	60 182.8	25 414.6
黑龙江	125 213	109 290	1 207	6 034	99 445.3	46 183.3
上 海	0	0	84	495	4 218.1	1 510.8
江 苏	1 010 118	749 459	1 626	24 858	506 542.3	101 082.0
浙 江	124 364	103 557	1 323	11 550	144 421.3	31 178.6
安 徽	894 641	790 188	2 636	26 871	254 781.0	116 649.2
福 建	24 975	22 523	203	2 086	21 280.9	17 800.0
江 西	385 134	335 539	2 039	16 906	136 329.4	55 416.6
山 东	1 251 030	1 090 668	3 469	85 050	779 204.3	430 670.8
河 南	1 277 424	1 072 914	4 323	87 705	382 692.0	153 738.1
湖 北	232 301	198 708	1 417	23 918	125 925.0	90 019.4
湖 南	1 175 605	834 300	3 568	95 040	266 017.6	136 239.2
广 东	169 757	116 329	2 271	21 199	230 197.5	104 180.3
广 西	184 117	152 963	1 429	88 535	741 643.9	222 213.4
海 南	29 856	30 705	316	10 576	21 006.7	17 380.9
重 庆	303 562	271 585	1 344	10 645	39 674.9	31 309.3
四 川	585 102	512 103	1 504	26 000	407 397.8	252 551.5
贵 州	866 615	721 430	1 848	25 560	66 244.9	21 799.4
云 南	117 676	82 013	1 421	17 271	126 966.3	93 654.4
陕 西	693 600	581 941	2 220	25 594	136 407.1	85 398.3
甘 肃	186 316	153 541	443	20 555	278 669.7	54 879.1
青 海	4 929	4 014	42	848	18 208.8	16 805.6
宁 夏	46 297	40 877	286	2 768	23 925.5	16 823.4
新 疆	70 040	66 759	159	4 415	38 418.7	24 767.9

（续）

地区	企业服务对象数量	企业服务小农户的数量	开展农业社会化服务的农业服务专业户数量	农业服务专业户从业人员数	农业服务专业户服务营业收入	农业服务专业户服务小农户的营业收入
	个（户）	户	个	人	万元	万元
全 国	19 695 391	16 445 243	561 563	1 511 691	3 315 799.2	2 121 038.4
北 京	28 708	7 281	0	0	0.0	0.0
天 津	30 100	26 348	3 777	6 694	14 459.3	9 065.1
河 北	1 395 674	1 364 659	42 272	89 006	225 866.0	161 093.6
山 西	198 257	180 414	22 906	48 459	198 086.7	70 760.9
内蒙古	75 496	68 370	6 388	11 630	41 225.8	33 196.6
辽 宁	200 494	181 560	17 551	34 326	78 839.5	64 166.8
吉 林	124 194	114 308	15 457	49 730	111 137.8	87 756.2
黑龙江	69 803	62 666	32 105	66 790	143 476.3	112 036.8
上 海	10 271	8 734	447	721	2 233.7	651.5
江 苏	389 118	246 522	69 846	133 572	221 490.7	127 158.7
浙 江	230 655	182 673	4 497	11 225	65 784.9	33 906.7
安 徽	829 857	654 866	23 441	54 217	215 517.8	111 861.3
福 建	17 295	16 031	1 679	6 613	18 740.2	16 642.5
江 西	456 249	331 409	12 044	37 639	87 783.1	50 400.7
山 东	1 894 844	1 686 550	72 162	195 382	464 111.6	384 924.9
河 南	8 187 608	6 883 677	60 704	213 556	308 369.8	179 066.4
湖 北	380 911	281 126	13 096	48 372	175 688.6	126 395.3
湖 南	897 122	628 475	40 878	234 627	424 674.3	204 978.4
广 东	333 627	232 678	15 361	28 286	65 232.8	48 755.4
广 西	552 426	438 570	35 341	54 632	97 889.5	41 002.3
海 南	26 479	26 899	1 410	5 245	2 502.5	1 963.2
重 庆	393 163	361 224	3 566	9 311	12 739.4	9 960.7
四 川	882 841	705 896	16 727	48 881	55 002.9	35 067.0
贵 州	393 734	317 750	11 238	41 518	33 654.5	19 228.9
云 南	394 969	349 575	12 413	25 198	98 207.2	84 462.9
陕 西	499 125	345 984	8 179	22 123	46 160.0	23 420.7
甘 肃	191 141	164 307	7 109	12 426	43 105.3	39 039.6
青 海	210 382	198 496	942	1 337	3 616.5	3 547.3
宁 夏	182 524	169 814	362	1 139	11 994.5	8 519.6
新 疆	218 324	208 381	9 665	19 036	48 208.3	32 008.6

（续）

地区	农业服务专业户服务对象数量	农业服务专业户服务小农户的数量	开展农业社会化服务的供销合作社数量	供销合作社从业人员数	供销合作社服务营业收入
	个（户）	户	个	人	万元
全　国	**24 511 019**	**21 490 737**	**10 487**	**53 546**	**449 674.1**
北　京	0	0	12	675	7 435.0
天　津	155 937	145 873	1	2	20.0
河　北	2 894 329	2 588 961	206	968	5 502.6
山　西	1 027 463	970 797	338	1 394	2 154.5
内蒙古	147 306	130 734	7	38	35.6
辽　宁	591 173	559 430	136	601	1 620.2
吉　林	302 765	290 907	7	17	32.0
黑龙江	426 605	393 890	136	291	1 459.2
上　海	6 476	5 208	1	8	116.8
江　苏	2 315 218	2 006 614	354	2 420	17 460.4
浙　江	395 514	268 053	521	1 224	82 858.9
安　徽	1 505 973	1 279 924	453	3 363	21 848.2
福　建	85 071	73 425	6	27	0.8
江　西	578 372	531 273	447	907	5 571.9
山　东	3 861 937	3 516 320	688	6 476	43 499.7
河　南	2 879 339	2 680 497	615	4 534	61 254.9
湖　北	817 212	657 453	555	3 136	24 294.9
湖　南	1 557 112	1 073 629	994	9 304	17 176.8
广　东	283 263	259 912	2 993	7 533	17 902.4
广　西	537 188	437 586	287	1 263	3 010.8
海　南	36 137	29 545	8	383	20.5
重　庆	192 314	155 661	359	1 640	4 590.0
四　川	1 106 223	927 048	334	2 323	10 199.0
贵　州	686 144	557 160	528	2 539	60 680.3
云　南	1 222 488	1 125 685	303	682	17 572.9
陕　西	288 361	257 996	36	375	6 968.3
甘　肃	215 351	204 245	33	209	3 015.4
青　海	95 858	95 826	35	484	5 855.1
宁　夏	119 897	114 405	44	504	25 510.0
新　疆	179 993	152 680	50	226	2 007.0

（续）

地区	供销合作社服务小农户的营业收入	供销合作社服务对象数量	供销合作社服务小农户的数量	开展农业社会化服务的服务协会数量	服务协会从业人员数	服务协会服务营业收入
	万元	个（户）	户	个	人	万元
全　国	**205 310.4**	**3 361 972**	**2 699 796**	**9 112**	**43 864**	**92 229.6**
北　京	5 948.0	8 980	8 581	6	35	120.0
天　津	20.0	540	540	0	0	0.0
河　北	2 292.3	534 802	473 470	34	232	366.1
山　西	2 059.4	39 727	38 225	25	928	1 763.5
内蒙古	8.3	119	103	4	30	55.0
辽　宁	1 283.8	20 450	18 693	7	18	29.0
吉　林	31.2	718	789	17	117	234.6
黑龙江	1 348.8	5 458	5 122	0	0	0.0
上　海	24.0	460	280	0	0	0.0
江　苏	10 565.8	148 011	134 176	146	894	52 073.0
浙　江	5 896.9	86 868	76 797	21	198	381.7
安　徽	14 395.0	587 218	212 582	44	688	1 109.6
福　建	0.6	321	246	719	433	14.0
江　西	2 352.8	39 455	36 153	66	512	868.4
山　东	32 750.2	389 319	361 792	164	3 630	6 056.5
河　南	32 324.3	284 277	273 573	82	523	1 106.8
湖　北	18 230.1	75 059	58 161	327	6 243	14 061.3
湖　南	10 798.8	170 102	138 394	1 085	8 689	791.0
广　东	10 354.1	126 651	112 167	4 008	12 178	6 773.0
广　西	2 812.9	132 888	128 948	35	1 183	986.2
海　南	6.6	1 891	1 983	19	56	110.0
重　庆	3 041.3	126 831	107 487	62	368	562.0
四　川	7 817.7	233 352	218 437	2 130	873	604.3
贵　州	6 091.2	167 864	150 076	27	416	1 095.2
云　南	12 346.0	66 444	47 563	45	5 301	1 350.1
陕　西	5 072.7	12 219	9 980	2	71	120.5
甘　肃	2 710.4	18 059	17 592	0	0	0.0
青　海	4 917.8	27 881	27 578	0	0	0.0
宁　夏	8 379.9	43 120	29 626	2	56	148.9
新　疆	1 429.5	12 888	10 682	35	192	1 449.0

（续）

地区	服务协会服务小农户的营业收入	服务协会服务对象数量	服务协会服务小农户的数量	开展农业社会化服务的其他服务组织数量	其他服务组织从业人员数
	万元	个（户）	户	个	人
全 国	**80 134.5**	**984 848**	**795 332**	**35 317**	**149 723**
北 京	0.0	583	0	3 463	3 512
天 津	0.0	0	0	52	115
河 北	179.0	23 205	18 881	946	3 302
山 西	1 659.3	14 831	14 169	1 830	4 207
内蒙古	55.0	1 008	958	64	166
辽 宁	29.0	350 030	35 030	1 317	3 727
吉 林	234.6	784	769	867	5 124
黑龙江	0.0	543	413	1 559	3 398
上 海	0.0	0	0	6	49
江 苏	50 311.0	208 838	197 184	3 468	7 496
浙 江	288.3	6 807	6 274	1 438	3 316
安 徽	800.4	49 393	43 427	2 468	14 308
福 建	181.0	212	205	496	1 797
江 西	625.3	11 309	11 028	533	1 992
山 东	3 553.8	56 735	41 172	2 981	11 440
河 南	751.0	24 825	20 894	1 837	6 291
湖 北	10 311.6	29 011	26 046	932	12 474
湖 南	339.2	113 415	296 185	992	7 600
广 东	5 914.6	14 771	11 200	489	13 374
广 西	594.0	20 930	17 003	480	2 001
海 南	0.0	52	3	0	0
重 庆	359.6	6 178	5 233	3 948	11 003
四 川	413.3	29 258	28 151	1 102	6 287
贵 州	1 077.3	7 259	8 408	1 126	1 277
云 南	1 326.0	6 034	5 355	2 193	7 007
陕 西	88.2	345	261	54	224
甘 肃	0.0	0	0	203	2 847
青 海	0.0	0	0	273	14 586
宁 夏	116.8	1 221	1 178	129	591
新 疆	926.1	7 271	5 905	71	212

（续）

地区	其他服务组织服务营业收入	其他服务组织服务小农户的营业收入	其他服务组织服务对象数量	其他服务组织服务小农户的数量
	万元	万元	个（户）	户
全　国	386 839.0	250 816.0	2 939 660	2 795 771
北　京	750.0	750.0	30 000	30 000
天　津	449.4	275.3	16 077	15 689
河　北	10 794.5	9 607.7	179 497	165 686
山　西	5 475.4	4 416.5	110 059	102 508
内蒙古	2 281.4	1 516.2	16 578	17 411
辽　宁	7 876.2	4 735.2	79 968	76 936
吉　林	35 150.0	13 636.3	19 423	56 059
黑龙江	6 916.9	6 031.3	22 524	21 335
上　海	385.0	25.0	5 362	5 211
江　苏	18 337.6	9 313.6	123 406	89 017
浙　江	20 481.0	13 737.9	191 110	166 879
安　徽	75 621.4	36 536.7	270 678	221 869
福　建	5 297.7	3 286.1	34 892	29 622
江　西	2 416.0	1 190.2	26 510	21 284
山　东	36 999.5	28 970.6	387 493	348 776
河　南	7 858.3	6 089.7	154 141	141 149
湖　北	32 983.8	18 795.0	90 174	68 767
湖　南	22 592.6	18 098.6	112 745	246 122
广　东	13 026.8	6 215.4	128 717	120 544
广　西	1 945.5	1 492.0	51 816	48 239
海　南	0.0	0.0	0	0
重　庆	7 786.9	5 773.6	165 333	116 457
四　川	7 106.2	5 211.6	269 824	256 927
贵　州	360.9	327.0	22 716	22 530
云　南	46 095.0	41 124.1	266 731	252 320
陕　西	144.6	125.7	11 207	10 167
甘　肃	1 898.6	1 207.8	89 821	87 276
青　海	9 174.6	8 124.1	22 423	22 186
宁　夏	5 905.4	3 991.7	33 477	29 855
新　疆	727.9	211.3	6 958	4 950

(续)

地区	农业生产托管服务面积	耕环节托管服务面积	耕环节托管服务粮食作物的面积	耕环节小农户托管的面积	种环节托管服务面积
	亩次	亩次	亩次	亩次	亩次
全　国	1 974 164 598.0	542 010 937.3	395 665 982.9	355 903 368.8	448 073 297.4
北　京	1 727 054.6	376 206.9	376 206.9	47 806.0	457 931.9
天　津	11 691 597.4	3 172 926.2	2 800 289.8	2 087 488.9	3 183 974.8
河　北	226 565 711.4	57 492 798.9	41 653 295.8	36 296 814.9	56 426 795.7
山　西	101 949 659.0	36 374 196.7	20 304 934.1	26 829 342.5	27 480 944.5
内蒙古	85 297 054.0	26 501 774.0	22 950 088.0	17 397 053.0	20 401 137.0
辽　宁	58 864 139.4	19 201 371.5	10 696 934.3	13 971 781.9	15 841 035.9
吉　林	68 311 248.7	20 163 629.2	13 767 825.3	13 234 910.6	16 624 170.1
黑龙江	153 064 022.7	38 962 050.3	33 934 124.6	26 978 698.7	33 751 207.4
上　海	2 762 774.0	735 966.0	522 398.0	107 687.0	596 959.0
江　苏	71 526 455.5	19 090 806.2	12 852 284.7	9 500 409.2	16 226 633.3
浙　江	14 994 458.5	4 174 088.4	2 853 450.2	1 295 812.1	2 390 243.9
安　徽	244 299 548.0	59 165 551.0	46 968 560.0	40 961 293.0	51 361 003.0
福　建	4 578 563.0	1 214 308.7	872 283.7	725 454.3	474 372.0
江　西	54 584 087.1	12 422 911.6	8 477 057.2	6 896 087.9	7 919 756.8
山　东	244 271 755.7	57 634 946.7	45 984 147.3	40 865 763.6	63 705 874.7
河　南	202 980 186.5	47 885 196.8	36 805 338.7	32 007 890.5	51 957 672.2
湖　北	77 453 397.8	20 850 134.9	14 990 196.8	15 026 398.2	17 060 539.9
湖　南	66 120 291.5	20 983 359.7	22 782 634.1	10 634 875.0	11 510 215.2
广　东	33 845 076.0	12 957 353.0	10 150 603.0	8 971 843.0	3 575 000.0
广　西	13 508 797.8	6 026 569.9	1 893 354.9	2 075 754.7	1 528 465.5
海　南	544 999.7	176 438.8	12 948.0	54 944.3	69 256.2
重　庆	11 097 052.8	3 379 975.2	1 649 805.3	2 001 350.4	1 486 803.4
四　川	41 171 199.0	10 764 684.6	5 711 106.3	6 736 490.8	6 188 369.4
贵　州	3 850 972.0	1 561 308.9	592 006.9	813 031.2	634 556.7
云　南	9 350 501.0	3 635 442.0	1 664 488.0	2 634 808.0	1 446 477.0
陕　西	55 670 675.2	16 042 200.3	14 001 570.7	11 525 806.9	10 267 276.5
甘　肃	33 959 235.0	14 968 705.0	3 758 291.0	10 772 931.0	6 937 128.0
青　海	6 912 394.8	2 100 066.9	914 174.0	1 765 711.0	1 613 039.3
宁　夏	17 527 375.1	7 506 101.2	6 946 574.3	4 648 334.3	3 585 986.0
新　疆	55 684 315.2	16 489 867.9	8 779 010.8	9 036 796.1	13 370 472.2

(续)

地区	种环节服务粮食作物的面积	种环节小农户托管的面积	防环节托管服务面积	防环节服务粮食作物的面积	防环节小农户托管的面积
	亩次	亩次	亩次	亩次	亩次
全　国	328 789 516.4	306 946 217.3	442 832 258.7	331 167 713.0	287 153 192.5
北　京	457 931.9	47 206.0	441 703.0	402 736.0	113 167.0
天　津	2 835 758.1	2 136 195.4	2 169 910.9	1 889 146.3	1 298 745.7
河　北	43 147 562.9	37 276 625.3	57 667 452.0	40 689 490.7	32 930 958.7
山　西	15 440 247.1	21 173 866.1	12 883 771.6	7 022 123.4	9 120 190.3
内蒙古	16 245 154.0	14 256 794.0	14 321 965.0	10 956 869.0	9 494 398.0
辽　宁	9 320 504.3	11 646 710.8	9 086 219.9	6 102 615.3	7 249 905.7
吉　林	13 011 102.6	11 974 775.9	12 680 484.2	9 971 614.9	8 115 102.2
黑龙江	29 051 882.9	24 350 850.5	34 164 907.2	30 899 908.1	24 048 921.8
上　海	485 461.0	79 335.0	844 522.0	763 133.0	58 268.0
江　苏	10 476 291.6	7 706 554.7	16 820 397.5	11 293 487.3	7 961 228.7
浙　江	1 709 753.5	640 220.8	4 400 623.4	3 624 489.6	1 048 424.4
安　徽	42 927 327.0	39 289 923.0	68 614 831.0	60 033 607.0	52 022 489.0
福　建	348 475.3	291 875.6	1 264 464.0	717 352.3	665 730.4
江　西	4 128 292.7	3 582 422.2	18 762 031.2	10 860 337.7	8 464 352.3
山　东	52 103 323.9	45 639 948.8	58 546 867.9	48 040 312.1	39 721 455.1
河　南	40 335 746.5	35 753 435.8	40 980 438.8	35 451 817.7	27 756 114.4
湖　北	12 698 292.7	13 379 944.0	17 777 068.0	13 638 070.3	13 053 510.5
湖　南	3 241 344.3	6 106 998.6	14 483 818.0	3 972 045.5	9 012 662.4
广　东	3 256 005.0	2 653 000.0	6 999 203.0	5 586 023.0	5 002 500.0
广　西	558 236.5	489 578.6	1 327 159.6	529 478.5	287 071.6
海　南	6 896.2	15 507.0	39 901.0	7 656.0	16 881.0
重　庆	883 572.0	909 486.5	2 647 255.3	1 220 221.1	1 461 897.7
四　川	2 981 294.1	3 641 300.4	11 705 748.4	4 810 665.0	7 368 744.7
贵　州	196 698.7	291 269.7	719 254.1	331 421.7	309 931.3
云　南	455 189.0	1 205 556.0	2 350 588.0	1 170 012.0	1 639 173.0
陕　西	8 503 272.7	7 728 703.4	11 324 313.1	10 607 373.6	7 962 797.9
甘　肃	2 696 083.0	4 011 476.0	4 117 816.0	1 768 734.0	2 121 704.0
青　海	742 062.7	1 333 382.3	1 312 819.1	557 396.4	1 063 320.8
宁　夏	3 081 529.1	1 941 628.8	2 620 292.4	2 138 218.1	1 471 869.4
新　疆	7 464 225.4	7 391 646.3	11 756 433.2	6 111 357.5	6 311 676.5

（续）

地区	收环节托管服务面积	收环节托管服务粮食作物的面积	收环节小农户托管的面积	农业生产托管服务对象数量	农业生产托管服务小农户数量
	亩次	亩次	亩次	个（户）	户
全 国	**541 248 104.6**	**413 744 086.1**	**378 139 646.9**	**53 098 753**	**47 821 162**
北 京	451 212.7	451 212.7	0.0	2 945	2 825
天 津	3 164 785.5	2 857 485.9	2 083 288.3	282 779	268 182
河 北	54 978 664.7	41 899 622.0	37 883 125.1	7 487 105	7 138 063
山 西	25 210 746.1	15 042 741.3	18 321 197.8	1 701 509	1 627 090
内 蒙 古	24 072 178.0	17 095 236.0	16 604 170.0	538 046	496 715
辽 宁	14 735 512.0	9 331 778.8	11 386 074.4	796 669	739 693
吉 林	18 842 965.2	14 590 523.8	13 853 181.3	686 085	643 816
黑 龙 江	46 185 857.8	38 714 530.8	33 567 455.4	756 515	684 885
上 海	585 327.0	472 120.0	79 683.0	22 068	18 900
江 苏	19 388 618.5	13 531 583.4	10 246 992.4	1 975 399	1 589 075
浙 江	4 029 502.9	3 004 864.3	1 251 927.4	298 889	226 945
安 徽	65 158 163.0	51 016 481.0	48 873 190.0	4 883 598	4 589 352
福 建	1 625 418.3	1 305 958.9	1 025 636.1	224 662	197 524
江 西	15 479 387.5	10 738 274.5	8 665 806.8	1 726 927	1 395 174
山 东	64 384 066.4	53 351 689.3	47 050 322.6	10 053 460	9 233 782
河 南	62 156 878.7	50 749 109.2	44 847 564.2	8 142 905	7 410 539
湖 北	21 765 655.1	16 162 371.8	16 568 249.6	4 177 291	3 316 281
湖 南	19 142 898.6	22 034 162.2	12 545 743.9	1 493 646	1 239 575
广 东	10 313 520.0	8 202 302.0	7 521 565.0	819 627	748 303
广 西	4 626 602.7	2 250 641.4	2 315 992.2	493 654	462 310
海 南	259 403.7	51 450.0	113 261.0	16 830	17 336
重 庆	3 583 018.8	2 494 655.0	2 411 904.9	1 117 410	1 020 136
四 川	12 512 396.7	6 591 133.0	7 948 632.1	2 608 233	2 210 716
贵 州	935 852.3	404 681.0	466 605.7	198 793	192 366
云 南	1 917 994.0	868 742.0	1 515 552.0	605 249	602 178
陕 西	18 036 885.3	16 190 098.6	14 719 537.6	433 434	356 873
甘 肃	7 935 586.0	2 764 928.0	4 280 605.0	451 404	419 396
青 海	1 886 469.5	715 724.2	1 550 320.5	108 854	92 516
宁 夏	3 814 995.6	3 096 197.7	2 480 213.5	342 767	315 978
新 疆	14 067 542.0	7 763 787.5	7 961 849.3	652 000	564 688

表 3 全国农民专业合作社情况统计表

指标名称	代码	计量单位	数量	比上年增长（%）
一、农民专业合作社基本情况				
（一）农民专业合作社数	1	个	2 085 652	2.7
其中：示范社数	2	个	209 400	10.6
1.国家示范社数	3	个	9 846	25.1
2.省级示范社数	4	个	36 900	10.1
3.市级示范社数	5	个	59 324	4.8
4.县级示范社数	6	个	103 330	13.2
（二）农民专业合作社成员数	7	个	59 843 698	−0.4
1.按成员类型划分				
（1）普通农户数	8	个	57 173 250	−0.4
其中：建档立卡脱贫农户数	9	个	1 999 959	−41.7
（2）家庭农场成员数	10	个	1 635 518	−0.3
（3）企业成员数	11	个	250 665	−6.5
（4）其他成员数	12	个	784 265	1.0
2.按要素出资形式划分				
其中：（1）货币出资成员数	13	个	21 771 532	1.4
（2）土地经营权作价出资成员数	14	个	8 549 856	−0.4
二、农民专业合作社分类情况				
（一）按从事行业划分				
1.种植业及相关合作社数	15	个	1 140 599	2.5
其中：（1）粮食产业合作社数	16	个	541 727	4.9
（2）蔬菜产业合作社数	17	个	221 091	3.4

（续）

指标名称	代码	计量单位	数量	比上年增长（%）
2.林业及相关合作社数	18	个	115 557	−0.2
3.畜牧业及相关合作社数	19	个	411 808	−0.2
其中：（1）生猪产业合作社数	20	个	132 293	1.9
（2）奶业合作社数	21	个	10 391	6.8
（3）肉牛羊产业合作社数	22	个	118 148	3.2
（4）肉鸡产业合作社数	23	个	41 416	4.9
（5）蛋鸡产业合作社数	24	个	26 728	9.2
4.渔业及相关合作社数	25	个	60 597	2.1
5.服务业合作社数	26	个	161 585	1.6
其中：（1）农机服务合作社数	27	个	96 244	2.2
（2）植保服务合作社数	28	个	18 897	5.6
（二）按牵头人身份划分				
其中：1.农民牵头合作社数	29	个	1 686 838	2.0
其中：村组干部牵头合作社数	30	个	249 542	3.8
2.企业牵头合作社数	31	个	33 755	0.8
（三）按经营服务内容划分				
其中：1.产加销一体化服务的合作社数	32	个	1 047 815	0.4
2.运销服务为主的合作社数	33	个	99 056	3.9
3.加工服务为主的合作社数	34	个	71 651	5.3
三、农民专业合作社经营服务情况				
（一）统一组织销售农产品总值	35	万元	64 117 415.6	−1.7
其中：统一销售农产品达 80%以上的合作社数	36	个	596 805	10.7
（二）统一组织购买农业生产投入品总值	37	万元	23 617 661.1	0.0

（续）

指标名称	代码	计量单位	数量	比上年增长（%）
其中：统一购买比例达 80% 以上的合作社数	38	个	402 658	-3.3
（三）拥有注册商标的合作社数	39	个	103 135	0.9
（四）通过农产品质量认证的合作社数	40	个	62 079	6.5
（五）土地经营权作价出资的合作社数	41	个	74 180	3.6
其中：作价出资土地面积	42	亩	34 133 006.4	26.7
（六）开展内部信用合作的合作社数	43	个	782	-97.3
其中：（1）参与信用合作的成员数	44	个	36 776	-89.9
（2）入股互助资金总额	45	万元	83 135.5	-81.3
（3）成员使用互助资金总额	46	万元	71 619.8	-75.6
（七）开展互助保险的合作社数	47	个	8 759	-41.1
其中：（1）参与互助保险成员数	48	个	91 221	-18.0
（2）成员支付保费总额	49	万元	4 967.5	-54.2
（3）成员获得保险赔偿总额	50	万元	5 119.9	-35.2
（八）创办实体的合作社数	51	个	121 298	13.4
（九）开展农村电子商务的合作社数	52	个	62 750	8.4
（十）开展休闲农业和乡村旅游的合作社数	53	个	18 892	10.0
（十一）从事民间工艺及制品开发经营的合作社数	54	个	4 870	34.9
四、农民专业合作社盈余及其分配情况				
（一）农民专业合作社经营收入	55	万元	63 092 386.1	0.6
（二）农民专业合作社上缴的税金总额	56	万元	198 403.5	-0.7
（三）农民专业合作社盈余	57	万元	12 005 262.3	0.7
（四）可分配盈余	58	万元	8 739 801.2	0.8
其中：1.按交易量返还成员总额	59	万元	4 928 850.9	0.3

(续)

指标名称	代码	计量单位	数量	比上年增长（%）
2.按股分红总额	60	万元	2 222 741.0	−0.5
（五）可分配盈余按交易量返还成员的合作社数	61	个	432 527	2.9
其中：60%以上可分配盈余按交易量返还成员的合作社数	62	个	346 025	4.1
（六）提留公积金、公益金或风险金的合作社数	63	个	265 872	4.3
五、扶持农民专业合作社发展情况				
（一）当年获得财政扶持资金的合作社数	64	个	37 262	0.3
（二）当年财政扶持资金总额	65	万元	565 254.0	−4.8
（三）当年承担国家财政项目的合作社数	66	个	13 194	4.1
其中：当年承担国家涉农项目的合作社数	67	个	11 237	5.2
（四）当年贷款余额	68	万元	986 111.2	−1.1
六、农民专业合作社联合社基本情况				
（一）农民专业合作社联合社数	69	个	13 824	2.8
（二）农民专业合作社联合社成员数	70	个	176 476	−17.2
（三）农民专业合作社联合社盈余及其分配情况				
1.农民专业合作社联合社经营收入	71	万元	1 616 960.3	1.1
2.农民专业合作社联合社盈余	72	万元	301 131.2	5.0
3.农民专业合作社联合社可分配盈余	73	万元	230 169.2	6.9
其中：（1）按交易量返还成员总额	74	万元	129 348.2	4.8
（2）按股分红总额	75	万元	56 596.2	3.9
七、与农民专业合作社有关的其他情况				
（一）成立基层党组织的农民专业合作社数	76	个	49 996	8.4
（二）农民专业合作社成员中党员数	77	个	744 630	7.0
（三）农民专业合作社联合会数	78	个	1 787	0.8

表 3-1 各地区农民专业合作社情况统计表

地区	农民专业合作社数	示范社数	国家级示范社数	省级示范社数	市级示范社数	县级示范社数
	个	个	个	个	个	个
全 国	2 085 652	209 400	9 846	36 900	59 324	103 330
北 京	7 271	746	146	226	0	374
天 津	10 644	603	67	507	0	29
河 北	111 085	12 015	443	1 648	2 969	6 955
山 西	91 090	7 992	399	1 779	1 828	3 986
内蒙古	63 054	6 162	330	768	2 106	2 958
辽 宁	55 748	3 086	116	839	832	1 299
吉 林	80 340	5 629	226	1 393	1 803	2 207
黑龙江	79 924	3 174	150	754	839	1 431
上 海	2 429	694	98	240	0	356
江 苏	50 366	9 772	499	1 722	2 889	4 662
浙 江	40 721	5 323	232	583	1 677	2 831
安 徽	113 503	11 543	521	1 528	3 924	5 570
福 建	43 928	6 108	153	1 318	1 533	3 104
江 西	75 341	7 321	468	1 120	2 221	3 512
山 东	228 738	17 224	630	3 453	5 322	7 819
河 南	184 153	13 399	676	1 407	4 200	7 116
湖 北	110 726	11 232	519	1 129	3 355	6 229
湖 南	114 472	12 698	664	1 540	2 947	7 547
广 东	54 497	3 833	269	952	1 402	1 210
广 西	61 916	7 697	161	1 073	1 717	4 746
海 南	15 306	243	19	72	96	56
重 庆	36 828	2 570	288	986	0	1 296
四 川	105 508	14 457	612	3 119	3 914	6 812
贵 州	64 150	5 736	246	1 658	2 345	1 487
云 南	66 587	5 637	288	1 196	1 765	2 388
西 藏	11 980	1 360	120	199	278	763
陕 西	66 308	8 425	359	1 148	2 552	4 366
甘 肃	91 629	14 607	511	2 401	4 079	7 616
青 海	9 478	3 871	109	716	1 138	1 908
宁 夏	6 381	2 539	243	458	523	1 315
新 疆	31 551	3 704	284	968	1 070	1 382

（续）

地区	农民专业合作社成员数	普通农户数	建档立卡脱贫农户数	家庭农场成员数	企业成员数	其他成员数
	个	个	个	个	个	个
全　国	59 843 698	57 173 250	1 999 959	1 635 518	250 665	784 265
北　京	197 887	189 597	0	2 739	125	5 426
天　津	179 984	173 152	0	6 529	211	92
河　北	2 365 231	2 292 696	46 720	39 329	6 645	26 561
山　西	1 126 213	1 101 762	40 119	11 876	2 415	10 160
内蒙古	573 132	557 631	391	11 212	1 038	3 251
辽　宁	1 057 360	1 026 703	1 172	14 438	2 128	14 091
吉　林	970 131	904 281	11 093	52 494	2 299	11 057
黑龙江	721 220	686 658	18	24 455	4 086	6 021
上　海	43 462	43 160	0	0	270	32
江　苏	6 072 256	5 870 945	3 229	101 538	24 336	75 437
浙　江	749 045	719 934	126	20 544	2 825	5 742
安　徽	3 568 479	3 348 613	61 277	178 679	9 485	31 702
福　建	711 024	653 737	6 018	30 217	4 888	22 182
江　西	1 703 203	1 559 258	45 028	56 534	12 684	74 727
山　东	6 750 292	6 607 712	34 064	86 089	12 332	44 159
河　南	3 298 422	3 085 029	12 069	159 510	23 613	30 270
湖　北	5 348 846	4 971 348	0	227 322	37 621	112 555
湖　南	3 512 005	3 139 926	81 732	241 584	23 302	107 193
广　东	555 068	508 648	9 878	22 398	7 077	16 945
广　西	1 008 584	938 571	17 733	38 255	7 039	24 719
海　南	141 782	134 200	7 562	2 527	1 406	3 649
重　庆	3 142 604	3 092 897	91 011	32 616	5 923	11 168
四　川	4 078 475	3 916 775	115 085	96 190	12 442	53 068
贵　州	3 331 923	3 271 042	316 492	33 862	6 557	20 462
云　南	3 395 979	3 331 080	512 449	28 662	6 305	29 932
西　藏	325 976	292 979	46 453	10 504	189	22 304
陕　西	2 122 975	2 012 596	0	74 382	27 714	8 283
甘　肃	1 969 341	1 948 247	524 142	14 852	3 723	2 519
青　海	239 353	231 248	1 594	2 748	74	5 283
宁　夏	195 608	189 900	780	5 307	107	294
新　疆	387 838	372 925	13 724	8 126	1 806	4 981

（续）

地区	货币出资成员数	土地经营权作价出资成员数	种植业及相关合作社数	粮食产业合作社数	蔬菜产业合作社数	林业及相关合作社数
	个	个	个	个	个	个
全　国	21 771 532	8 549 856	1 140 599	541 727	221 091	115 557
北　京	121 058	2 100	4 313	410	1 012	432
天　津	76 566	16 049	6 385	3 924	1 655	878
河　北	602 738	225 410	63 220	41 179	15 465	6 455
山　西	490 805	28 460	43 632	20 559	7 783	7 558
内蒙古	252 790	23 157	26 857	19 947	3 035	606
辽　宁	349 411	166 305	31 333	18 123	5 938	2 192
吉　林	354 390	153 825	45 584	36 714	2 814	1 322
黑龙江	215 303	170 339	60 645	51 139	4 630	618
上　海	2 429	0	1 793	626	821	75
江　苏	2 256 912	1 670 195	22 563	10 975	5 209	3 222
浙　江	360 841	35 437	23 748	4 785	6 821	4 713
安　徽	2 930 395	427 930	69 257	44 972	9 044	5 218
福　建	310 494	34 340	25 117	4 085	7 184	4 846
江　西	899 810	163 684	42 718	21 636	7 001	5 129
山　东	2 564 899	915 977	150 441	70 874	39 343	10 604
河　南	1 231 757	443 875	118 226	84 257	12 255	7 730
湖　北	924 656	393 509	49 959	17 718	12 169	7 863
湖　南	1 185 503	632 182	60 262	33 065	10 011	8 283
广　东	187 743	23 045	33 188	6 034	6 425	1 537
广　西	316 898	55 137	32 187	3 826	6 892	2 721
海　南	21 705	3 524	5 608	442	1 559	403
重　庆	1 282 621	1 120 394	20 601	3 138	5 922	2 617
四　川	1 690 514	851 888	49 205	10 358	12 394	8 193
贵　州	604 988	492 091	30 372	4 852	10 227	3 258
云　南	923 463	225 923	34 998	3 282	8 708	3 731
西　藏	169 933	12 119	1 119	527	325	474
陕　西	494 026	89 951	33 090	9 734	6 039	4 727
甘　肃	615 263	106 402	39 631	9 182	7 333	6 157
青　海	92 969	13 872	3 911	2 031	678	595
宁　夏	76 956	27 008	2 491	1 058	801	611
新　疆	163 696	25 728	8 145	2 275	1 598	2 789

(续)

地区	畜牧业及相关合作社数	生猪产业合作社数	奶业合作社数	肉牛羊产业合作社数	肉鸡产业合作社数	蛋鸡产业合作社数
	个	个	个	个	个	个
全 国	**411 808**	**132 293**	**10 391**	**118 148**	**41 416**	**26 728**
北 京	1 211	222	90	140	79	140
天 津	1 426	601	42	307	121	95
河 北	15 384	5 057	1 089	3 920	1 538	1 637
山 西	26 813	8 202	858	9 038	1 817	1 779
内蒙古	24 973	1 597	1 176	17 432	245	252
辽 宁	10 951	3 450	194	3 164	1 250	863
吉 林	14 225	4 322	322	4 093	959	520
黑龙江	9 228	3 010	419	3 294	653	471
上 海	65	8	4	11	15	9
江 苏	6 293	2 341	103	682	824	1 277
浙 江	3 993	1 123	53	445	600	278
安 徽	15 690	6 876	107	2 554	2 143	1 519
福 建	3 802	832	42	515	662	224
江 西	10 995	3 870	93	1 617	1 597	1 155
山 东	27 173	9 059	1 176	3 844	3 230	2 530
河 南	26 581	11 685	486	4 573	2 422	2 433
湖 北	22 143	8 473	87	3 787	2 511	3 915
湖 南	19 164	9 168	89	2 866	2 418	1 326
广 东	5 441	1 535	6	282	999	119
广 西	13 980	5 100	52	2 021	2 864	362
海 南	3 224	1 460	8	827	1 633	82
重 庆	7 950	2 590	32	1 462	1 075	355
四 川	30 904	13 229	316	7 619	2 843	1 049
贵 州	17 616	6 990	24	3 915	1 953	1 007
云 南	19 884	7 266	285	5 977	1 855	485
西 藏	2 778	259	865	1 269	106	262
陕 西	17 483	6 239	815	3 765	1 924	1 360
甘 肃	33 621	6 586	643	16 050	2 271	890
青 海	4 576	519	261	2 972	145	91
宁 夏	2 625	253	154	1 736	130	51
新 疆	11 616	371	500	7 971	534	192

（续）

地区	渔业及相关合作社数	服务业合作社数	农机服务合作社数	植保服务合作社数	农民牵头合作社数	村组干部牵头合作社数
	个	个	个	个	个	个
全 国	60 597	161 585	96 244	18 897	1 686 838	249 542
北 京	110	756	119	1	6 466	419
天 津	659	618	483	43	9 477	456
河 北	561	5 156	3 637	975	79 870	14 178
山 西	341	6 580	4 828	400	74 362	7 726
内 蒙 古	241	5 938	3 645	166	49 190	4 063
辽 宁	740	5 653	4 712	267	41 644	3 390
吉 林	367	10 793	9 060	327	61 910	5 671
黑 龙 江	537	6 236	5 479	216	78 107	4 080
上 海	230	266	100	0	1 809	0
江 苏	4 937	9 317	6 278	1 520	41 171	6 462
浙 江	3 087	2 123	1 095	456	35 842	3 127
安 徽	4 857	11 753	8 367	1 828	94 536	11 495
福 建	2 885	2 484	960	221	33 689	4 009
江 西	4 453	5 051	2 197	1 232	59 765	9 474
山 东	3 337	20 812	12 124	2 445	194 176	50 673
河 南	1 997	13 872	8 330	2 564	149 135	17 326
湖 北	10 326	7 717	3 675	1 283	86 430	11 312
湖 南	4 964	7 684	5 620	935	91 368	17 539
广 东	2 878	2 171	842	142	34 728	3 420
广 西	3 009	4 474	2 153	488	48 215	4 989
海 南	748	293	78	38	9 016	943
重 庆	1 799	2 043	1 174	154	30 667	6 295
四 川	4 593	5 391	2 174	1 004	88 551	15 360
贵 州	1 187	2 407	732	291	49 059	13 445
云 南	640	4 640	714	458	58 179	10 022
西 藏	42	673	254	86	5 267	3 889
陕 西	460	4 196	1 898	508	53 775	8 417
甘 肃	312	6 121	3 210	321	80 531	9 381
青 海	40	219	149	8	8 385	709
宁 夏	106	471	321	27	6 142	305
新 疆	154	5 677	1 836	493	25 376	967

(续)

地区	企业牵头合作社数	产加销一体化服务的合作社数	运销服务为主的合作社数	加工服务为主的合作社数	统一组织销售农产品总值	统一销售农产品达80%以上的合作社数
	个	个	个	个	万元	个
全　国	33 755	1 047 815	99 056	71 651	64 117 415.6	596 805
北　京	118	5 979	53	20	262 329.7	531
天　津	26	4 634	103	67	231 641.0	1 215
河　北	1 203	42 222	6 845	4 152	2 029 821.5	30 827
山　西	257	42 460	2 062	2 614	555 449.0	9 657
内蒙古	388	28 420	3 816	3 009	1 509 392.4	10 509
辽　宁	272	19 663	1 228	1 324	771 948.4	6 536
吉　林	323	36 430	3 376	1 818	482 124.0	9 310
黑龙江	353	34 047	2 236	1 892	843 003.8	6 157
上　海	452	1 935	49	21	579 800.0	850
江　苏	1 327	24 157	5 155	4 232	5 352 213.4	14 837
浙　江	405	27 419	1 350	1 080	2 757 097.0	13 480
安　徽	2 859	64 033	4 390	4 682	5 716 245.6	44 488
福　建	393	23 253	1 393	1 563	1 170 196.5	17 158
江　西	2 559	36 095	5 440	3 428	2 739 644.7	81 835
山　东	2 076	110 914	10 377	7 214	7 801 682.4	64 636
河　南	3 215	93 505	9 659	4 620	3 543 675.3	54 677
湖　北	2 672	62 055	5 329	4 883	6 726 395.6	65 153
湖　南	2 315	67 161	7 214	6 182	3 720 416.7	37 252
广　东	664	26 522	1 199	1 836	4 616 523.0	7 793
广　西	1 796	33 157	2 548	1 427	1 100 412.8	11 002
海　南	601	5 227	629	293	165 912.0	903
重　庆	1 671	22 969	1 489	705	1 305 576.7	10 563
四　川	2 715	67 058	3 602	2 231	4 137 969.5	30 170
贵　州	1 099	30 292	3 064	2 071	827 688.1	15 056
云　南	698	38 470	2 539	1 515	1 799 319.2	13 747
西　藏	32	1 367	422	821	24 125.2	526
陕　西	1 956	32 759	4 116	3 073	1 285 666.5	12 971
甘　肃	977	49 595	6 304	2 675	1 057 559.5	14 779
青　海	78	4 375	770	219	102 267.9	3 649
宁　夏	92	4 808	606	252	465 330.9	2 283
新　疆	163	6 834	1 693	1 732	435 987.0	4 255

（续）

地区	统一组织购买农业生产投入品总值	统一购买比例达80%以上的合作社数	拥有注册商标的合作社数	通过农产品质量认证的合作社数	土地经营权作价出资的合作社数	作价出资土地面积
	万元	个	个	个	个	亩
全 国	23 617 661.1	402 658	103 135	62 079	74 180	34 133 006.4
北 京	45 542.1	393	413	1 301	77	12 320.0
天 津	109 850.5	980	644	575	229	48 356.0
河 北	1 055 687.5	26 893	4 554	3 841	5 869	3 904 734.5
山 西	167 450.4	7 333	1 711	734	198	25 563.5
内蒙古	621 853.1	7 642	1 114	369	10	5 462.0
辽 宁	251 974.5	4 412	2 258	700	2 597	899 010.1
吉 林	195 840.9	7 173	1 994	792	2 663	248 384.3
黑龙江	393 973.4	4 865	1 801	423	7 113	2 177 972.9
上 海	248 300.0	733	658	1 610	0	0.0
江 苏	2 103 947.4	12 600	4 787	3 013	3 426	2 324 096.9
浙 江	925 224.7	10 142	5 483	3 919	230	62 060.0
安 徽	2 516 455.7	25 674	6 000	4 079	1 665	236 587.7
福 建	467 614.3	8 148	7 103	1 917	520	20 357.9
江 西	1 248 149.1	19 401	4 199	2 866	4 390	696 375.2
山 东	2 867 511.9	59 086	8 452	3 870	5 561	1 078 297.6
河 南	1 457 383.4	58 581	8 198	3 324	5 594	736 517.9
湖 北	2 793 075.6	28 582	7 341	5 556	3 714	2 623 886.8
湖 南	1 466 153.6	31 033	8 260	5 977	12 072	1 680 200.0
广 东	591 792.2	5 215	1 802	1 484	2 588	1 258 700.0
广 西	272 177.1	7 371	1 694	974	860	404 895.0
海 南	67 613.9	629	812	307	248	11 707.0
重 庆	414 500.4	7 960	2 621	1 317	3 961	867 668.3
四 川	1 657 518.1	22 688	6 529	5 680	4 059	989 011.0
贵 州	222 240.4	9 563	3 757	2 593	3 703	647 490.9
云 南	477 371.2	8 364	1 888	732	639	135 415.5
西 藏	1 159.6	146	1 243	285	90	11 168 867.6
陕 西	289 949.0	8 506	3 959	1 820	617	126 064.0
甘 肃	313 805.5	10 044	1 801	1 123	284	117 693.0
青 海	30 650.8	3 169	398	62	120	1 176 560.2
宁 夏	167 618.9	2 241	613	432	455	169 285.4
新 疆	175 275.4	3 091	1 048	404	628	279 465.2

（续）

地区	开展内部信用合作的合作社数	参与信用合作的成员数	入股互助资金总额	成员使用互助资金总额	开展互助保险的合作社数	参与互助保险成员数
	个	个	万元	万元	个	个
全 国	**782**	**36 776**	**83 135.5**	**71 619.8**	**8 759**	**91 221**
北 京	1	40	340.0	340.0	0	0
天 津	0	0	0.0	0.0	0	0
河 北	0	0	0.0	0.0	0	0
山 西	0	0	0.0	0.0	0	0
内蒙古	0	0	0.0	0.0	1	231
辽 宁	2	367	426.8	0.0	0	0
吉 林	367	1 846	2 828.6	614.5	294	837
黑龙江	2	681	530.0	2 839.0	0	0
上 海	0	0	0.0	0.0	0	0
江 苏	56	2 780	5 354.2	4 501.8	327	6 388
浙 江	105	6 918	23 062.6	29 591.5	355	2 251
安 徽	12	7 725	15 322.8	5 104.4	20	100
福 建	0	0	0.0	0.0	203	100
江 西	0	0	0.0	0.0	225	736
山 东	91	5 032	11 030.2	11 207.3	1 350	17 488
河 南	9	3 146	5 149.0	1 580.0	930	13 384
湖 北	31	4 254	3 962.7	2 960.9	750	1 397
湖 南	2	1 400	4 432.0	3 954.0	1 806	26 131
广 东	0	0	0.0	0.0	700	3 383
广 西	90	303	367.6	367.6	248	675
海 南	0	0	0.0	0.0	28	10
重 庆	0	0	0.0	0.0	0	0
四 川	2	83	282.5	240.5	220	4 260
贵 州	0	0	0.0	0.0	326	1 569
云 南	11	2 184	10 026.5	8 298.4	9	359
西 藏	0	0	0.0	0.0	42	718
陕 西	1	17	20.0	20.0	68	136
甘 肃	0	0	0.0	0.0	856	11 057
青 海	0	0	0.0	0.0	0	6
宁 夏	0	0	0.0	0.0	0	0
新 疆	0	0	0.0	0.0	1	5

（续）

地区	成员支付保费总额	成员获得保险赔偿总额	创办实体的合作社数	开展农村电子商务的合作社数	开展休闲农业和乡村旅游的合作社数	从事民间工艺及制品开发经营的合作社数
	万元	万元	个	个	个	个
全　国	4 967.5	5 119.9	121 298	62 750	18 892	4 870
北　京	0.0	0.0	323	116	267	36
天　津	0.0	0.0	261	221	44	2
河　北	0.0	0.0	5 913	3 124	924	105
山　西	0.0	0.0	3 009	707	102	66
内蒙古	0.0	0.0	1 068	1 718	147	38
辽　宁	0.0	0.0	462	587	69	4
吉　林	7.1	13.8	554	482	78	10
黑龙江	0.0	0.0	505	263	37	9
上　海	0.0	0.0	200	583	264	0
江　苏	439.6	443.6	3 057	2 095	710	71
浙　江	398.5	393.2	3 931	2 875	1 046	20
安　徽	0.3	1.0	5 338	3 184	817	63
福　建	4.1	0.0	2 458	1 170	604	348
江　西	10.7	28.9	5 765	3 440	1 155	168
山　东	96.4	24.4	5 575	3 278	1 678	124
河　南	149.3	119.8	6 064	4 857	1 321	122
湖　北	712.3	43.4	11 242	5 845	1 249	146
湖　南	843.9	2 991.0	16 040	8 310	2 780	555
广　东	187.0	35.0	2 984	1 727	298	552
广　西	3.8	1.0	4 559	2 278	481	65
海　南	29.0	25.0	394	92	62	5
重　庆	0.0	0.0	2 084	1 703	686	22
四　川	523.5	416.2	8 065	5 628	1 901	308
贵　州	121.5	250.4	7 293	2 386	720	234
云　南	1.8	0.5	5 822	1 325	298	82
西　藏	1.2	4.7	1 670	55	120	521
陕　西	1.7	11.3	4 273	2 524	397	172
甘　肃	1 435.2	316.6	8 813	1 582	372	88
青　海	0.0	0.0	645	80	30	17
宁　夏	0.0	0.0	1 429	238	59	9
新　疆	0.6	0.0	1 502	277	176	908

（续）

地区	农民专业合作社 经营收入	农民专业合作社 上缴的税金总额	农民专业合作社 盈余	农民专业合作社 可分配盈余
	万元	万元	万元	万元
全　国	**63 092 386.1**	**198 403.5**	**12 005 262.3**	**8 739 801.2**
北　京	318 528.0	212.0	25 343.4	19 370.9
天　津	149 839.8	402.0	26 677.9	16 059.2
河　北	2 471 479.3	8 145.3	451 471.1	332 315.1
山　西	563 744.3	3 077.7	161 578.0	111 241.6
内蒙古	582 765.0	340.6	183 792.2	135 329.0
辽　宁	584 512.2	690.4	153 049.7	98 799.7
吉　林	633 504.1	834.4	203 828.5	159 009.9
黑龙江	1 321 804.4	505.7	327 288.5	269 468.6
上　海	737 793.0	0.0	35 950.0	34 623.0
江　苏	5 751 179.9	34 129.2	1 121 584.3	816 182.0
浙　江	3 523 377.7	10 106.8	628 224.6	425 757.9
安　徽	5 840 943.4	7 573.6	802 450.6	568 180.6
福　建	1 053 079.5	3 827.2	225 065.1	184 170.5
江　西	1 836 605.4	8 367.5	465 425.9	344 914.7
山　东	8 019 721.9	23 967.0	1 601 649.8	1 167 910.1
河　南	4 152 519.0	7 912.2	788 765.7	632 675.1
湖　北	4 244 026.0	24 376.1	990 433.9	763 546.3
湖　南	4 207 647.1	26 653.1	876 795.2	629 453.9
广　东	5 093 585.0	4 440.7	205 977.9	143 267.3
广　西	1 037 874.6	2 360.9	235 442.4	143 722.3
海　南	42 394.2	452.2	18 511.4	13 198.6
重　庆	1 114 925.5	427.6	187 170.9	128 389.1
四　川	3 631 640.3	3 809.8	769 661.0	587 889.9
贵　州	1 070 540.9	6 323.0	297 079.0	181 223.7
云　南	1 568 386.1	2 956.7	359 823.0	281 025.0
西　藏	144 709.7	599.0	64 270.0	48 482.5
陕　西	994 297.3	7 869.7	253 022.6	159 483.1
甘　肃	1 071 790.9	4 719.0	246 060.5	148 440.8
青　海	135 014.8	379.1	48 500.4	37 287.4
宁　夏	334 911.5	0.0	84 938.8	68 154.1
新　疆	859 245.4	2 945.2	165 429.9	90 229.3

（续）

地区	按交易量返还成员总额	按股分红总额	可分配盈余按交易量返还成员的合作社数	60%以上可分配盈余按交易量返还成员的合作社数	提留公积金、公益金或风险金的合作社数
	万元	万元	个	个	个
全　国	4 928 850.9	2 222 741.0	432 527	346 025	265 872
北　京	12 255.0	5 317.8	468	397	3 221
天　津	7 004.0	4 433.3	1 339	502	1 433
河　北	184 606.5	113 926.4	24 526	20 349	13 171
山　西	51 030.2	31 541.5	9 688	7 588	5 411
内蒙古	56 911.4	50 053.4	5 015	3 214	2 439
辽　宁	50 236.7	28 356.9	4 060	2 821	2 055
吉　林	58 541.1	48 407.9	5 259	4 063	3 005
黑龙江	128 141.0	98 554.5	5 978	4 161	3 128
上　海	13 176.0	6 259.0	1 617	539	1 122
江　苏	462 948.0	255 561.1	15 969	12 498	11 186
浙　江	267 867.2	88 866.0	9 857	7 643	5 669
安　徽	354 796.4	91 859.9	29 383	20 765	17 631
福　建	104 206.4	52 090.6	8 136	6 429	5 235
江　西	192 965.2	98 423.1	24 392	22 844	15 855
山　东	768 198.6	226 861.8	60 482	50 328	40 716
河　南	337 351.0	141 980.0	54 244	47 116	35 527
湖　北	455 316.1	226 756.3	28 459	21 267	18 521
湖　南	339 753.2	150 255.4	37 106	31 178	25 725
广　东	62 133.4	30 853.1	6 648	4 497	1 910
广　西	65 156.9	35 835.6	8 622	5 819	3 203
海　南	5 420.5	2 501.7	258	213	138
重　庆	71 285.8	28 539.6	7 188	4 799	4 006
四　川	364 017.1	142 518.3	32 564	29 321	17 028
贵　州	70 418.2	75 944.4	9 069	6 131	3 697
云　南	172 338.8	43 259.5	10 315	6 874	3 826
西　藏	7 199.6	29 091.2	640	397	627
陕　西	90 462.2	28 481.6	9 036	6 678	4 653
甘　肃	68 046.4	40 508.0	13 605	10 769	10 185
青　海	15 466.3	15 525.2	3 044	2 592	2 157
宁　夏	46 593.3	6 812.8	2 674	2 204	1 382
新　疆	45 008.5	23 364.9	2 886	2 029	2 010

（续）

地区	当年获得财政扶持资金的合作社数	当年财政扶持资金总额	当年承担国家财政项目的合作社数	当年承担国家涉农项目的合作社数	当年贷款余额
	个	万元	个	个	万元
全　国	37 262	565 254.0	13 194	11 237	986 111.2
北　京	121	7 000.0	10	10	44 951.9
天　津	35	1 011.2	15	15	2 252.1
河　北	813	18 823.6	649	589	7 361.3
山　西	753	12 092.1	236	215	2 013.7
内蒙古	388	6 359.5	165	160	9 192.0
辽　宁	238	2 439.2	420	399	4 436.0
吉　林	581	5 085.3	435	431	4 222.1
黑龙江	119	2 560.2	10	6	8 592.7
上　海	573	6 300.0	58	0	218 300.0
江　苏	1 429	27 480.6	322	237	56 487.7
浙　江	1 425	26 292.4	91	82	52 638.9
安　徽	4 297	37 726.2	998	771	83 939.6
福　建	759	7 534.9	113	111	8 784.4
江　西	734	4 753.5	274	246	18 611.7
山　东	1 476	15 883.0	680	649	35 887.7
河　南	1 334	18 003.1	552	552	31 995.9
湖　北	3 030	26 399.9	1 437	917	114 269.7
湖　南	4 297	40 471.6	639	438	62 121.7
广　东	541	10 751.2	109	68	3 458.2
广　西	1 241	11 014.6	99	94	9 664.4
海　南	159	9 792.7	33	26	1 420.0
重　庆	1 289	28 502.8	366	352	22 680.7
四　川	2 965	50 536.8	1 972	1 930	67 207.2
贵　州	2 738	82 611.4	1 396	1 198	34 760.7
云　南	733	10 600.6	249	193	11 557.2
西　藏	268	9 843.0	172	17	315.9
陕　西	1 653	31 226.9	576	497	15 297.7
甘　肃	1 685	25 723.9	203	139	9 779.3
青　海	332	8 762.9	89	89	15 116.3
宁　夏	615	6 456.3	496	496	10 987.7
新　疆	641	13 214.6	330	310	17 806.7

（续）

地区	农民专业合作社联合社数 个	农民专业合作社联合社成员数 个	农民专业合作社联合社经营收入 万元	农民专业合作社联合社盈余 万元	农民专业合作社联合社可分配盈余 万元
全 国	13 824	176 476	1 616 960.3	301 131.2	230 169.2
北 京	60	433	11 579.5	273.7	135.0
天 津	45	244	8 567.6	1 080.5	946.7
河 北	674	10 412	44 719.5	14 386.4	12 032.9
山 西	349	4 058	13 541.4	3 033.6	1 920.3
内蒙古	132	1 169	15 086.2	4 469.2	3 227.0
辽 宁	121	760	3 402.8	787.7	336.9
吉 林	460	5 281	11 607.9	1 934.5	2 046.4
黑龙江	263	2 213	3 799.8	1 611.3	1 395.3
上 海	5	90	8 106.0	642.0	618.0
江 苏	602	31 252	176 098.2	32 893.6	23 927.5
浙 江	312	4 152	69 959.5	12 090.5	9 395.8
安 徽	394	2 164	85 493.8	14 357.1	11 424.1
福 建	452	6 076	34 506.7	5 081.9	3 318.9
江 西	419	7 961	112 118.8	21 238.0	16 496.7
山 东	1 329	17 012	138 811.2	34 783.6	25 617.5
河 南	1 963	21 380	61 194.8	17 269.8	11 992.6
湖 北	639	8 659	167 653.7	29 753.7	22 432.9
湖 南	1 095	8 559	308 924.6	30 581.0	26 068.4
广 东	698	6 895	50 088.4	10 860.3	9 750.4
广 西	904	8 556	37 232.7	10 892.6	7 097.3
海 南	20	122	439.8	42.5	31.3
重 庆	290	4 454	10 280.6	2 315.8	1 527.5
四 川	591	4 358	59 676.3	10 593.3	8 317.2
贵 州	365	3 233	17 338.2	4 401.2	3 821.2
云 南	217	3 836	24 686.7	4 294.9	3 918.1
西 藏	33	99	1 190.4	430.1	245.3
陕 西	184	2 201	18 624.3	4 536.2	3 385.3
甘 肃	820	7 544	25 035.3	7 242.1	4 966.8
青 海	46	718	6 495.9	1 283.0	1 182.9
宁 夏	85	698	48 023.1	10 011.9	7 197.1
新 疆	257	1 887	42 676.8	7 959.1	5 395.9

（续）

地区	按交易量返还成员总额	按股分红总额	成立基层党组织的农民专业合作社数	农民专业合作社成员中党员数	农民专业合作社联合会数
	万元	万元	个	个	个
全 国	129 348.2	56 596.2	49 996	744 630	1 787
北 京	72.7	46.1	155	3 156	9
天 津	219.2	204.0	36	1 514	0
河 北	4 552.1	1 529.5	1 924	25 622	136
山 西	733.8	408.8	530	13 417	17
内蒙古	1 802.0	721.0	100	2 791	3
辽 宁	173.1	19.7	371	9 547	10
吉 林	547.0	735.7	720	11 786	6
黑龙江	712.8	578.4	178	6 472	9
上 海	8.0	15.0	0	0	0
江 苏	15 077.5	6 952.9	1 019	48 492	152
浙 江	6 020.7	1 805.8	504	16 979	101
安 徽	8 448.6	2 086.5	1 591	29 055	39
福 建	1 824.5	812.5	281	11 448	27
江 西	8 285.7	6 893.4	1 064	17 496	126
山 东	20 541.6	3 102.1	15 763	165 479	162
河 南	5 866.1	2 676.0	2 385	28 209	236
湖 北	14 792.6	5 551.8	2 728	36 670	96
湖 南	15 210.7	8 103.6	3 698	74 131	267
广 东	2 485.7	1 694.2	486	8 302	96
广 西	414.9	1 752.8	1 048	11 607	64
海 南	22.0	9.3	56	2 429	16
重 庆	996.5	244.2	203	14 552	30
四 川	4 922.3	2 211.6	1 052	43 642	22
贵 州	1 238.8	1 814.3	7 821	53 836	42
云 南	2 460.3	393.0	1 592	46 919	29
西 藏	48.8	96.4	1 038	5 253	0
陕 西	1 586.9	583.4	945	20 641	9
甘 肃	2 835.2	1 482.7	2 072	22 759	47
青 海	333.7	418.9	30	3 092	4
宁 夏	4 591.2	2 015.8	24	396	0
新 疆	2 522.8	1 637.0	582	8 938	32

表 4 全国农民负担情况统计表

指标名称	代码	计量单位	数量	比上年增长（%）
一、上交集体各种款项	**1**	元	21 553 495 945.0	**15.8**
（一）土地承包金	2	元	20 648 146 652.6	17.4
（二）共同生产费用	3	元	177 263 124.1	1.5
（三）建房收费	4	元	113 407 939.0	−41.1
（四）其他款项	5	元	614 678 229.4	−6.3
二、村民一事一议筹资筹劳				
（一）一事一议筹资筹劳涉及村数	6	个	47 841	−2.2
（二）一事一议筹资	7	元	1 014 915 470.1	−5.8
1.一事一议筹资涉及村数	8	个	41 784	−4.0
2.一事一议筹资涉及人数	9	人	46 543 932	−7.8
（三）一事一议筹劳	10	个	75 804 524	−16.1
1.一事一议筹劳涉及村数	11	个	20 574	−4.1
2.一事一议筹劳涉及人数	12	人	12 721 649	−10.4
3.一事一议筹劳以资代劳工日数	13	个	35 700 997	−15.0
4.一事一议筹劳以资代劳资金数	14	元	470 219 599.3	−4.6
三、农业生产性收费	**15**	元	13 057 745 578.7	**3.1**
（一）农业灌溉水费	16	元	7 875 119 668.7	3.3
（二）农业灌溉电费	17	元	5 082 583 347.2	2.9
（三）其他收费	18	元	100 042 562.8	−2.0
四、行政事业性收费	**19**	元	550 215 130.1	**-37.7**
（一）农民建房收费	20	元	37 420 020.9	−56.0
（二）外出务工经商收费	21	元	49 219 127.5	−37.5
（三）农机、摩托车、三轮车和低速载货汽车收费	22	元	317 526 692.5	−22.0
（四）计划生育收费	23	元	26 462 191.0	−61.8
（五）其他收费	24	元	119 587 098.3	−50.8
五、农村义务教育收费	**25**	元	2 242 933 927.6	**13.1**
农村义务教育在校学生数	26	人	77 630 403	−4.2
六、罚款	**27**	元	36 956 567.6	**-7.8**
七、集资摊派	**28**	元	646 858.0	**40.2**

表 4-1　各地区农民负担情况统计表

地区	上交集体各种款项	土地承包金	共同生产费用	建房收费
	元	元	元	元
全　国	**21 553 495 945.0**	**20 648 146 652.6**	**177 263 124.1**	**113 407 939.0**
北　京	457 358 232.4	450 054 706.0	132 600.0	0.0
天　津	587 349 996.1	580 837 402.2	78 807.0	2 000.0
河　北	1 848 080 028.6	1 794 271 164.7	4 702 658.8	386 486.0
山　西	573 354 183.6	518 204 390.8	1 370 138.1	102 221.0
内蒙古	159 047 497.0	156 412 479.0	0.0	65 000.0
辽　宁	583 229 242.9	572 262 419.2	715 964.0	0.0
吉　林	1 045 101 758.4	1 015 256 941.0	7 956 438.0	10 000.0
黑龙江	2 433 061 013.4	2 427 282 337.9	0.0	0.0
上　海	4 459 400.0	4 459 400.0	0.0	0.0
江　苏	1 519 203 088.7	1 399 790 944.9	61 017 793.9	1 441 861.0
浙　江	539 372 787.0	417 119 583.0	1 659 733.0	90 655 744.0
安　徽	99 289 908.5	71 895 534.5	19 170 900.0	0.0
福　建	151 733 113.2	119 288 146.5	148 600.0	11 879 511.4
江　西	47 695 230.4	34 454 812.1	10 676 768.3	769 250.0
山　东	3 367 140 591.1	3 248 127 650.1	6 084 223.6	158 000.0
河　南	331 177 155.2	302 354 393.7	6 420 239.5	1 521 692.0
湖　北	461 547 130.7	434 664 335.8	13 549 157.9	0.0
湖　南	55 653 579.4	49 132 581.1	1 475 277.2	607 531.0
广　东	3 780 790 441.0	3 688 389 430.0	6 757 881.0	1 861 087.0
广　西	5 748 734.5	5 697 634.5	0.0	0.0
海　南	41 294 982.1	35 244 250.7	2 496 138.4	825.0
重　庆	13 616 138.8	12 169 442.1	81 750.0	18 300.0
四　川	112 397 310.3	75 556 244.8	18 517 714.5	732 705.0
贵　州	740 780.0	612 880.0	55 000.0	0.0
云　南	176 285 561.3	158 639 670.5	1 965 649.0	2 125 299.9
西　藏	15 721 968.9	15 706 664.0	15 303.0	1.9
陕　西	126 231 048.7	98 745 705.9	6 554 508.1	383 973.8
甘　肃	46 786 088.3	44 436 344.9	0.0	4 800.0
青　海	1 719 270.0	1 689 270.0	0.0	0.0
宁　夏	33 361 248.3	33 347 248.3	0.0	0.0
新　疆	2 934 948 436.5	2 882 042 644.5	5 659 880.8	681 650.0

（续）

地区	其他款项	一事一议筹资筹劳涉及村数	一事一议筹资	一事一议筹资涉及村数
	元	个	元	个
全　国	614 678 229.4	47 841	1 014 915 470.1	41 784
北　京	7 170 926.4	0	0.0	0
天　津	6 431 786.8	0	0.0	0
河　北	48 719 719.1	5 788	103 512 731.7	5 741
山　西	53 677 433.7	3 439	17 383 609.3	2 897
内蒙古	2 570 018.0	316	5 283 806.0	300
辽　宁	10 250 859.6	1 550	3 769 326.0	391
吉　林	21 878 379.4	36	412 978.0	29
黑龙江	5 778 675.5	18	30 000.0	4
上　海	0.0	0	0.0	0
江　苏	56 952 489.0	3 562	162 692 754.6	3 487
浙　江	29 937 727.0	737	50 473 898.0	564
安　徽	8 223 474.0	3 198	105 503 332.4	3 180
福　建	20 416 855.3	448	21 487 281.3	334
江　西	1 794 400.0	2 959	19 278 617.0	2 640
山　东	112 770 717.4	25	271 800.0	25
河　南	20 880 830.0	366	3 654 181.4	324
湖　北	13 333 637.0	2 697	79 716 705.5	2 610
湖　南	4 438 190.0	8 807	43 179 093.0	8 621
广　东	83 782 043.0	394	43 349 352.0	364
广　西	51 100.0	6 311	175 624 125.6	6 271
海　南	3 553 768.0	168	12 352 696.0	158
重　庆	1 346 646.7	881	53 632 139.5	660
四　川	17 590 646.0	2 126	41 784 306.8	1 003
贵　州	72 900.0	610	5 270 208.0	229
云　南	13 554 941.9	832	5 259 100.9	239
西　藏	0.0	84	1 508 080.0	58
陕　西	20 546 861.0	1 519	46 051 203.2	1 224
甘　肃	2 344 943.5	424	9 729 372.2	355
青　海	30 000.0	48	58 538.0	13
宁　夏	14 000.0	469	2 716 233.8	54
新　疆	46 564 261.1	29	930 000.0	9

(续)

地区	一事一议筹资涉及人数	一事一议筹劳	一事一议筹劳涉及村数	一事一议筹劳涉及人数
	人	个	个	人
全 国	46 543 932	75 804 524	20 574	12 721 649
北 京	0	0	0	0
天 津	0	0	0	0
河 北	5 824 551	11 987	150	26 761
山 西	1 749 797	816 198	1 563	274 970
内蒙古	129 392	270 577	136	16 766
辽 宁	91 686	574 475	1 353	193 675
吉 林	25 264	2 011	12	184
黑龙江	1 388	14 782	14	14 782
上 海	0	0	0	0
江 苏	8 876 609	17 653 554	2 348	2 446 597
浙 江	888 648	256 139	239	126 550
安 徽	6 325 996	319 178	125	84 361
福 建	339 640	1 188 041	237	79 633
江 西	640 864	116 087	593	60 423
山 东	13 590	0	0	0
河 南	244 585	121 838	259	141 470
湖 北	5 409 429	31 727 893	2 521	3 490 085
湖 南	2 017 394	408 906	1 040	857 752
广 东	1 216 300	3 931 185	77	175 400
广 西	9 486 372	9 243 636	4 355	2 065 427
海 南	76 720	45 195	121	54 360
重 庆	872 867	349 399	469	123 734
四 川	687 264	3 311 910	1 753	643 755
贵 州	93 147	32 776	538	54 536
云 南	236 640	633 435	687	379 360
西 藏	10 515	2 060	34	10 794
陕 西	953 782	2 625 713	1 127	669 740
甘 肃	248 564	728 724	327	198 042
青 海	3 007	2 195	45	9 081
宁 夏	75 421	1 416 355	427	523 309
新 疆	4 500	275	24	102

（续）

地区	一事一议筹劳 以资代劳工日数 个	一事一议筹劳 以资代劳资金数 元	农业生产性 收费 元	农业灌溉 水费 元
全 国	**35 700 997**	**470 219 599.3**	**13 057 745 578.7**	**7 875 119 668.7**
北 京	0	0.0	56 773 966.2	13 572 367.1
天 津	0	0.0	48 474 267.6	6 340 928.0
河 北	11 885	376 555.0	1 295 494 686.0	160 289 874.7
山 西	341 751	9 179 785.1	544 071 638.2	223 208 104.4
内蒙古	29 572	2 521 530.0	1 171 846 263.0	706 329 002.0
辽 宁	54 165	2 108 910.0	222 902 135.0	167 590 278.0
吉 林	0	0.0	133 622 099.0	71 261 156.0
黑龙江	0	0.0	303 905 897.2	177 460 588.2
上 海	0	0.0	22 104 100.0	7 444 900.0
江 苏	9 296 903	89 443 404.0	554 695 646.1	319 851 625.0
浙 江	103 498	10 045 120.0	61 733 794.0	9 031 922.0
安 徽	65 259	2 141 315.0	130 458 217.7	88 255 387.3
福 建	98 242	2 955 801.0	6 100 872.3	1 552 000.0
江 西	0	0.0	85 151 007.6	31 110 075.5
山 东	0	0.0	763 169 384.9	402 292 292.7
河 南	7 858	157 014.0	678 668 381.3	63 858 311.5
湖 北	19 208 812	149 017 015.0	122 035 904.0	98 491 219.2
湖 南	122 645	6 996 833.0	39 223 562.3	9 819 298.5
广 东	12 581	2 943 938.0	63 574 159.0	7 953 872.0
广 西	3 633 417	58 007 962.1	20 661 960.0	2 140 598.0
海 南	280	804 000.0	3 985 664.0	1 005 311.0
重 庆	78 329	2 961 918.6	2 268 598.9	457 930.0
四 川	1 474 626	68 377 086.1	164 163 515.5	104 183 938.1
贵 州	22 770	4 123 032.5	5 656 124.8	1 023 470.0
云 南	1 893	79 993.0	122 804 226.7	80 536 867.7
西 藏	2 046	21 600.0	1 155 910.6	145 320.2
陕 西	756 764	39 435 738.5	627 270 480.8	416 016 252.4
甘 肃	189 913	11 917 297.6	1 152 712 104.8	879 769 108.3
青 海	2 177	147 725.0	23 473 223.8	20 729 042.9
宁 夏	185 578	5 106 025.8	243 549 259.2	222 218 528.8
新 疆	33	1 350 000.0	4 386 038 528.5	3 581 180 099.0

(续)

地区	农业灌溉 电费	其他收费	行政事业性 收费	农民建房 收费
	元	元	元	元
全　国	5 082 583 347.2	100 042 562.8	550 215 130.1	37 420 020.9
北　京	42 923 840.4	277 758.8	0.0	0.0
天　津	42 127 781.6	5 558.0	120 645.0	0.0
河　北	1 135 027 117.7	177 693.6	3 856 939.0	0.0
山　西	319 714 713.8	1 148 820.0	724 160.0	0.0
内蒙古	464 641 470.0	875 791.0	3 794 040.0	0.0
辽　宁	54 378 462.1	933 394.8	21 020.0	0.0
吉　林	56 426 717.0	5 934 226.0	9 062 200.0	80.0
黑龙江	126 099 109.0	346 200.0	701 187.0	0.0
上　海	13 061 200.0	1 598 000.0	3 632 400.0	0.0
江　苏	219 984 257.2	14 859 763.8	44 074 589.0	2 384 610.0
浙　江	50 548 714.0	2 153 158.0	39 230 384.0	6 363 566.0
安　徽	41 302 825.4	900 005.0	3 047 550.0	0.0
福　建	2 353 466.3	2 195 406.0	62 003 547.5	376 200.0
江　西	52 723 749.3	1 317 182.7	8 436 399.0	4 066 534.0
山　东	359 692 588.1	1 184 504.1	9 218 119.0	5 704.0
河　南	613 151 446.5	1 658 623.3	5 070 631.5	665 102.0
湖　北	21 840 968.8	1 703 716.0	878 180.0	102 280.0
湖　南	27 999 678.7	1 404 585.0	36 423 857.6	3 488 954.5
广　东	48 845 657.0	6 774 630.0	88 604 536.0	14 807 250.0
广　西	18 521 362.0	0.0	635 240.0	0.0
海　南	2 925 353.0	55 000.0	1 299 825.0	138 085.0
重　庆	1 758 060.9	52 608.0	4 989 593.6	2 860 634.6
四　川	56 254 314.6	3 725 262.8	20 225 418.6	796 168.8
贵　州	3 188 940.1	1 443 714.7	2 761 570.0	463 152.0
云　南	41 034 564.9	1 232 794.0	149 080 668.2	553 508.0
西　藏	927 002.4	83 588.0	15 788.0	23.0
陕　西	192 965 985.4	18 288 243.0	21 585 007.0	348 169.0
甘　肃	272 447 996.5	495 000.0	122 039.0	0.0
青　海	2 633 880.9	110 300.0	592 704.0	0.0
宁　夏	21 329 630.3	1 100.0	1 146 923.0	0.0
新　疆	775 752 493.3	29 105 936.2	28 859 969.0	0.0

（续）

地区	外出务工经商收费 元	农机、摩托车、三轮车和低速载货汽车收费 元	计划生育收费 元	其他收费 元
全　国	**49 219 127.5**	**317 526 692.5**	**26 462 191.0**	**119 587 098.3**
北　京	0.0	0.0	0.0	0.0
天　津	5 645.0	15 000.0	0.0	100 000.0
河　北	546 466.0	2 486 585.0	0.0	823 888.0
山　西	32 000.0	692 160.0	0.0	0.0
内蒙古	370 600.0	3 181 890.0	0.0	241 550.0
辽　宁	0.0	21 000.0	0.0	20.0
吉　林	4 590 100.0	3 833 100.0	0.0	638 920.0
黑龙江	149 076.0	505 776.0	0.0	46 335.0
上　海	0.0	3 610 900.0	0.0	21 500.0
江　苏	6 615 360.0	22 984 331.0	62 535.0	12 027 753.0
浙　江	8 009 676.0	20 744 943.0	0.0	4 112 199.0
安　徽	104 000.0	2 477 750.0	0.0	465 800.0
福　建	3 727 846.0	17 495 918.5	80 500.0	40 323 083.0
江　西	685 466.0	1 607 650.0	1 456 746.0	620 003.0
山　东	1 608 887.0	7 324 918.0	0.0	278 610.0
河　南	86 000.0	3 489 218.0	0.0	830 311.5
湖　北	63 000.0	712 900.0	0.0	0.0
湖　南	521 090.0	2 153 642.0	18 253 707.0	12 006 464.1
广　东	6 777 641.0	30 759 409.0	3 650 378.0	32 609 858.0
广　西	18 500.0	616 740.0	0.0	0.0
海　南	30 390.0	984 310.0	11 040.0	136 000.0
重　庆	8 871.0	1 081 746.0	27 000.0	1 011 342.0
四　川	1 426 015.0	13 578 781.0	598 000.0	3 826 453.8
贵　州	0.0	2 220 699.0	0.0	77 719.0
云　南	230 300.0	144 445 411.2	2 800.0	3 848 649.0
西　藏	4 002.0	143.0	1 020.0	10 600.0
陕　西	8 233 147.5	8 591 197.8	142 000.0	4 270 492.9
甘　肃	10 151.0	0.0	0.0	111 888.0
青　海	27 860.0	95 634.0	0.0	469 210.0
宁　夏	0.0	893 774.0	0.0	253 149.0
新　疆	5 337 038.0	20 921 166.0	2 176 465.0	425 300.0

（续）

地区	农村义务 教育收费	农村义务教育 在校学生数	罚款	集资摊派
	元	人	元	元
全　国	2 242 933 927.6	77 630 403	36 956 567.6	646 858.0
北　京	0.0	190 681	0.0	0.0
天　津	68 394 938.4	384 258	0.0	0.0
河　北	5 519 373.0	4 603 871	142 175.0	0.0
山　西	3 427 304.0	1 229 980	188 744.0	0.0
内蒙古	706 746.0	804 273	500.0	0.0
辽　宁	1 426 556.0	738 156	1 000.0	0.0
吉　林	4 491 385.0	438 391	46 000.0	0.0
黑龙江	232 524.0	501 035	0.0	0.0
上　海	51 505 400.0	186 355	0.0	0.0
江　苏	499 596 743.1	3 486 455	1 313 968.0	0.0
浙　江	93 865 007.0	3 241 283	16 338 481.0	0.0
安　徽	29 147 870.6	3 906 710	97 418.1	0.0
福　建	17 066 187.9	2 536 569	557 892.0	0.0
江　西	81 710 714.7	2 503 759	371 623.0	0.0
山　东	86 271 034.3	6 007 987	0.0	0.0
河　南	1 533 569.0	7 799 184	3 064 300.0	0.0
湖　北	25 190 288.5	2 931 245	0.0	0.0
湖　南	177 216 211.3	3 726 820	2 981 250.0	0.0
广　东	35 130 875.0	4 816 156	594 292.0	80 000.0
广　西	0.0	4 891 892	2 421 437.0	0.0
海　南	3 056 528.0	134 081	15 600.0	0.0
重　庆	274 134 689.6	1 766 025	2 312 253.0	396 400.0
四　川	702 636 265.1	5 362 560	642 680.0	450.0
贵　州	26 130 083.8	4 120 899	310 855.5	0.0
云　南	9 657 431.0	4 447 152	2 349 962.0	0.0
西　藏	0.0	108 041	3 000 900.0	0.0
陕　西	29 728 235.6	1 664 614	203 809.0	170 000.0
甘　肃	6 413 315.5	1 749 587	204.0	0.0
青　海	656 181.2	425 442	98.0	0.0
宁　夏	2 840 451.4	433 265	0.0	0.0
新　疆	5 248 018.7	2 493 677	1 126.0	8.0

表5　全国农经机构队伍情况统计表

指标名称	代码	计量单位	数量	比上年增长（%）
一、农经机构设置情况				
（一）省级机构数	1	个	81	−2.41
1.行政机构	2	个	55	1.85
2.事业机构	3	个	26	−10.34
（二）地级机构数	4	个	486	−1.22
1.行政机构	5	个	259	1.17
2.事业机构	6	个	227	−3.81
（三）县级机构数	7	个	2 839	−0.66
1.行政机构	8	个	689	−4.17
2.事业机构	9	个	2 150	0.51
（四）乡镇级机构数	10	个	21 409	0.02
1.职责明确由行政机构承担的	11	个	5 938	9.56
2.职责由专职事业机构承担的	12	个	15 471	−3.22
二、农经队伍情况				
（一）实有人数	13	人	107 089	0.81
1.省级	14	人	897	−1.54
2.地级	15	人	2 875	−0.59
3.县级	16	人	21 245	−2.04
4.乡镇级	17	人	82 072	1.65
（二）在编人数	18	人	87 675	−0.53
1.省级	19	人	874	0.11
其中：在编行政人员	20	人	342	1.18
2.地级	21	人	2 861	1.13

（续）

指标名称	代码	计量单位	数量	比上年增长（%）
其中：在编行政人员	22	人	752	5.03
3. 县级	23	人	20 180	−3.10
其中：在编行政人员	24	人	3 583	−3.08
4. 乡镇级	25	人	63 760	0.24
其中：在编行政人员	26	人	20 342	3.89
（三）县、乡镇在编人员素质状况				
1. 中专以上学历人数	27	人	78 290	−1.13
其中：大专及其以上人数	28	人	68 068	−0.46
2. 专业技术职称人数	29	人	31 815	−3.46
其中：（1）高级职称人数	30	人	6 323	2.40
（2）中级职称人数	31	人	16 427	−5.08
（四）县、乡镇在编人员从事农经工作年限				
1. 3 年（含）以下人数	32	人	22 198	4.94
2. 3～5 年（含）人数	33	人	12 606	3.95
3. 5 年（不含）以上人数	34	人	49 136	−3.95
三、附报				
（一）未明确承担农经职能机构的乡镇数	35	个	4 775	−4.98
（二）职责分解设置的乡镇机构数	36	个	11 643	3.81

表5-1 各地区农经机构队伍情况统计表

地区	省级机构数	省级行政机构数	省级事业机构数	地级机构数	地级行政机构数
	个	个	个	个	个
全　国	81	55	26	486	259
北　京	1	1	0	0	0
天　津	3	2	1	0	0
河　北	4	2	2	22	13
山　西	3	2	1	12	5
内蒙古	3	2	1	22	12
辽　宁	3	2	1	27	15
吉　林	3	2	1	10	4
黑龙江	2	1	1	16	8
上　海	2	1	1	0	0
江　苏	1	1	0	27	15
浙　江	2	2	0	16	11
安　徽	3	2	1	24	14
福　建	3	2	1	11	4
江　西	2	2	0	16	11
山　东	3	2	1	31	15
河　南	5	4	1	36	26
湖　北	5	3	2	19	12
湖　南	2	1	1	22	13
广　东	2	2	0	15	14
广　西	2	1	1	26	12
海　南	1	1	0	0	0
重　庆	3	2	1	0	0
四　川	5	4	1	33	18
贵　州	2	1	1	13	5
云　南	3	2	1	35	18
陕　西	3	2	1	17	6
甘　肃	3	2	1	13	2
青　海	2	1	1	2	0
宁　夏	2	1	1	3	0
新　疆	3	2	1	18	6

（续）

地区	地级事业机构数	县级机构数	县级行政机构数	县级事业机构数	乡镇级机构数
	个	个	个	个	个
全 国	227	2 839	689	2 150	21 409
北 京	0	27	14	13	195
天 津	0	17	10	7	0
河 北	9	188	70	118	1 385
山 西	7	102	6	96	559
内蒙古	10	76	0	76	70
辽 宁	12	125	68	57	797
吉 林	6	66	6	60	313
黑龙江	8	81	4	77	326
上 海	0	11	2	9	121
江 苏	12	138	75	63	1 109
浙 江	5	114	38	76	848
安 徽	10	109	34	75	1 066
福 建	7	78	3	75	905
江 西	5	102	17	85	1 172
山 东	16	162	19	143	1 723
河 南	10	182	51	131	1 375
湖 北	7	105	34	71	1 145
湖 南	9	112	17	95	997
广 东	1	120	96	24	1 342
广 西	14	95	4	91	457
海 南	0	19	19	0	0
重 庆	0	53	20	33	959
四 川	15	198	47	151	1 530
贵 州	8	82	3	79	648
云 南	17	148	21	127	148
陕 西	11	113	6	107	971
甘 肃	11	87	3	84	808
青 海	2	23	0	23	59
宁 夏	3	22	0	22	33
新 疆	12	84	2	82	348

（续）

地区	职责明确由行政机构承担的乡镇级机构数	职责由专职事业机构承担的乡镇级机构数	实有人数	省级实有人数	地级实有人数
	个	个	人	人	人
全　国	5 938	15 471	107 089	897	2 875
北　京	101	94	1 656	25	0
天　津	0	0	102	23	0
河　北	589	796	6 518	36	121
山　西	60	499	4 860	40	160
内蒙古	25	45	1 590	60	212
辽　宁	204	593	4 372	26	122
吉　林	22	291	2 610	29	59
黑龙江	2	324	4 110	55	107
上　海	8	113	753	26	0
江　苏	268	841	7 377	0	112
浙　江	267	581	3 241	16	79
安　徽	162	904	3 483	34	81
福　建	61	844	2 846	22	53
江　西	182	990	3 097	22	63
山　东	107	1 616	11 637	45	178
河　南	404	971	5 079	34	167
湖　北	19	1 126	5 530	51	92
湖　南	203	794	3 969	21	120
广　东	995	347	7 482	21	85
广　西	183	274	1 265	25	120
海　南	0	0	297	6	8
重　庆	959	0	3 053	26	0
四　川	704	826	4 719	44	132
贵　州	53	595	2 578	18	44
云　南	36	112	4 201	35	233
陕　西	218	753	4 027	28	170
甘　肃	86	722	3 752	35	160
青　海	12	47	402	23	20
宁　夏	2	31	538	46	15
新　疆	6	342	1 945	25	162

(续)

地区	县级 实有人数	乡镇级 实有人数	在编人数	省级在编 人数	省级在编 行政人员
	人	人	人	人	人
全　国	21 245	82 072	87 675	874	342
北　京	557	1 074	1 353	25	25
天　津	79	0	104	23	12
河　北	877	5 484	5 166	36	14
山　西	1 458	3 202	3 189	40	15
内蒙古	806	512	1 525	60	10
辽　宁	549	3 675	3 239	26	9
吉　林	689	1 833	2 432	29	8
黑龙江	973	2 975	3 682	55	9
上　海	159	568	534	26	4
江　苏	697	6 568	4 963	15	0
浙　江	680	2 466	2 349	16	16
安　徽	466	2 902	3 182	34	15
福　建	411	2 360	2 144	22	12
江　西	377	2 635	2 940	11	11
山　东	1 503	9 911	8 660	45	12
河　南	1 025	3 853	4 711	34	22
湖　北	825	4 562	5 334	51	43
湖　南	989	2 839	4 053	23	7
广　东	553	6 823	4 589	5	4
广　西	488	632	1 259	20	5
海　南	16	267	322	6	6
重　庆	357	2 670	2 198	22	12
四　川	1 367	3 176	3 970	44	14
贵　州	373	2 143	2 177	18	3
云　南	1 213	2 720	3 672	35	14
陕　西	1 514	2 315	3 584	25	11
甘　肃	1 154	2 403	3 239	37	12
青　海	219	140	319	23	4
宁　夏	244	233	442	46	4
新　疆	627	1 131	2 344	22	9

（续）

地区	地级 在编人数	地级在编 行政人员	县级 在编人数	县级在编 行政人员	乡镇级 在编人数
	人	人	人	人	人
全 国	2 861	752	20 180	3 583	63 760
北 京	0	0	532	285	796
天 津	0	0	81	11	0
河 北	129	37	776	168	4 225
山 西	182	11	1 208	37	1 759
内蒙古	234	8	797	58	434
辽 宁	120	45	499	120	2 594
吉 林	57	7	621	84	1 725
黑龙江	120	19	915	42	2 592
上 海	0	0	159	26	349
江 苏	97	52	615	270	4 236
浙 江	68	37	626	109	1 639
安 徽	86	34	425	86	2 637
福 建	60	14	422	25	1 640
江 西	59	19	391	62	2 479
山 东	117	31	1 509	97	6 989
河 南	159	37	989	92	3 529
湖 北	89	57	803	277	4 391
湖 南	151	72	975	436	2 904
广 东	72	63	481	253	4 031
广 西	117	41	478	81	644
海 南	8	8	16	10	292
重 庆	0	0	326	58	1 850
四 川	137	36	1 399	396	2 390
贵 州	57	5	388	26	1 714
云 南	246	27	1 218	17	2 173
陕 西	155	63	1 364	213	2 040
甘 肃	148	16	1 064	157	1 990
青 海	13	0	210	5	73
宁 夏	15	0	231	10	150
新 疆	165	13	662	72	1 495

（续）

地区	乡镇级在编行政人员	县、乡镇中专以上学历人数	县、乡镇大专及其以上在编人数	县、乡镇专业技术职称在编人数	县、乡镇高级职称在编人数	县、乡镇中级职称在编人数
	人	人	人	人	人	人
全 国	**20 342**	**78 290**	**68 068**	**31 815**	**6 323**	**16 427**
北 京	295	1 322	1 304	182	19	113
天 津	0	81	78	34	7	17
河 北	1 795	4 522	3 821	1 215	220	765
山 西	484	2 759	2 337	998	120	590
内蒙古	124	1 113	977	550	119	295
辽 宁	1 067	2 849	2 525	952	112	638
吉 林	210	2 237	1 840	1 246	289	465
黑龙江	384	3 315	3 003	1 692	667	699
上 海	124	518	505	243	15	121
江 苏	1 138	4 717	4 164	2 108	330	1 150
浙 江	592	2 012	1 942	1 073	98	676
安 徽	499	2 897	2 528	1 438	228	845
福 建	373	1 932	1 662	1 044	257	552
江 西	613	2 644	2 085	1 070	73	496
山 东	1 881	8 240	7 661	4 370	1 008	2 669
河 南	1 210	4 055	3 222	1 707	402	911
湖 北	767	4 629	3 749	1 763	89	913
湖 南	956	3 684	2 843	889	233	437
广 东	2 665	4 196	3 701	606	49	274
广 西	229	1 111	942	343	36	187
海 南	211	252	204	89	5	33
重 庆	1 850	2 196	2 037	451	95	287
四 川	968	3 540	3 127	1 311	226	614
贵 州	514	1 990	1 719	1 418	254	665
云 南	61	3 310	3 131	2 393	914	802
陕 西	658	2 997	2 394	941	134	486
甘 肃	508	2 613	2 392	832	173	385
青 海	16	279	256	149	24	74
宁 夏	40	365	351	192	74	76
新 疆	110	1 915	1 568	516	53	192

（续）

地区	县、乡镇从事3年（含）以下工作年限在编人数 人	县、乡镇从事3～5年（含）工作年限在编人数 人	县、乡镇从事5年（不含）以上工作年限在编人数 人	未明确承担农经职能机构的乡镇数 个	职责分解设置的乡镇机构数 个
全　国	22 198	12 606	49 136	4 775	11 643
北　京	395	205	728	0	0
天　津	36	7	38	0	154
河　北	1 710	1 020	2 271	192	690
山　西	682	310	1 975	126	462
内蒙古	283	132	816	95	661
辽　宁	1 129	433	1 531	53	244
吉　林	239	139	1 968	33	278
黑龙江	973	264	2 270	0	0
上　海	115	86	307	0	0
江　苏	887	655	3 309	51	221
浙　江	656	474	1 135	152	295
安　徽	776	347	1 939	214	561
福　建	488	346	1 228	110	522
江　西	812	527	1 531	144	471
山　东	2 179	1 293	5 026	50	158
河　南	1 186	856	2 476	876	546
湖　北	673	486	4 035	0	0
湖　南	1 280	557	2 042	169	694
广　东	1 737	864	1 911	40	395
广　西	354	164	604	551	151
海　南	54	58	196	30	32
重　庆	894	417	865	13	608
四　川	1 206	610	1 973	805	1 334
贵　州	439	429	1 234	197	806
云　南	659	363	2 369	230	1 062
陕　西	1 078	703	1 623	197	354
甘　肃	857	620	1 577	251	239
青　海	60	47	176	161	23
宁　夏	86	34	261	18	127
新　疆	275	160	1 722	17	555

表 6　全国农村宅基地管理利用情况统计表

指标名称	代码	计量单位	数量	比上年增长（%）
一、基本情况		—		—
（一）宅基地宗数	1	宗	267 815 382	—
（二）占有一处宅基地的农户数	2	户	211 752 018	—
（三）占有两处及以上宅基地的农户数	3	户	17 011 029	—
（四）非本集体成员占有的宅基地宗数	4	宗	2 978 141	—
（五）闲置宅基地宗数	5	宗	9 830 423	—
其中：空闲废弃宅基地宗数	6	宗	2 760 636	—
二、管理情况		—		—
（一）审批宅基地		—		—
1.宗数	7	宗	1 018 763	—
2.面积	8	亩	229 942.99	—
其中：农用地转用		—		—
（1）宗数	9	宗	96 329	—
（2）面积	10	亩	23 875.52	—
（二）征收宅基地		—		—
1.宗数	11	宗	707 700	—
2.面积	12	亩	255 731.93	—
三、利用情况		—		—
（一）出租宅基地		—		—
1.宗数	13	宗	1 149 192	—
2.面积	14	亩	356 229.66	—
（二）转让宅基地		—		—
1.宗数	15	宗	169 086	—
2.面积	16	亩	60 070.45	—
（三）有偿使用宅基地面积	17	亩	102 539.73	—
（四）有偿退出宅基地面积	18	亩	83 773.84	—
（五）复垦宅基地面积	19	亩	466 751.37	—
其中：城乡增减挂钩调剂使用面积	20	亩	168 785.02	—

表 6-1　各地区农村宅基地管理利用情况统计表

地区	宅基地宗数	占有一处宅基地的农户数	占有两处及以上宅基地的农户数	非本集体成员占有的宅基地宗数	闲置宅基地宗数
	宗	户	户	宗	宗
全　国	**267 815 382**	**211 752 018**	**17 011 029**	**2 978 141**	**9 830 423**
北　京	1 006 147	871 065	38 744	32 897	17 105
天　津	1 082 160	889 091	73 018	17 993	21 072
河　北	17 608 043	12 759 879	2 138 884	139 009	722 871
山　西	7 608 650	5 772 488	515 801	152 638	404 080
内蒙古	4 122 830	3 374 913	146 795	77 229	165 513
辽　宁	5 727 904	4 821 472	136 932	101 651	166 543
吉　林	3 576 709	3 315 597	86 936	138 163	187 334
黑龙江	4 324 792	3 790 218	202 820	86 171	511 054
上　海	792 339	766 213	13 142	11 786	11 238
江　苏	12 967 110	11 248 117	642 624	155 730	321 908
浙　江	11 683 985	9 012 834	1 087 640	208 746	388 591
安　徽	14 056 798	11 531 348	874 020	143 773	571 857
福　建	6 432 206	3 354 227	347 715	42 025	115 070
江　西	9 854 135	6 861 220	653 260	222 251	442 668
山　东	27 721 709	20 445 230	2 135 910	233 736	1 136 470
河　南	23 287 379	19 301 001	1 745 174	120 632	1 209 022
湖　北	11 948 286	9 245 649	668 121	151 104	267 321
湖　南	13 648 146	11 542 044	473 846	53 400	408 467
广　东	17 036 168	9 667 273	1 659 322	296 031	681 560
广　西	10 727 580	8 563 752	875 561	95 141	375 809
海　南	1 519 127	690 501	52 797	21 150	40 697
重　庆	6 726 311	6 121 898	224 291	51 792	404 212
四　川	18 755 008	17 098 445	535 246	106 460	648 482
贵　州	7 663 165	6 490 251	544 307	54 764	127 647
云　南	10 284 782	8 593 136	516 055	60 214	103 671
陕　西	7 668 235	6 934 498	375 369	34 950	172 810
甘　肃	5 010 715	4 326 396	82 841	27 704	49 913
青　海	827 081	740 042	26 684	11 644	27 823
宁　夏	983 079	911 121	23 643	66 054	76 612
新　疆	3 164 803	2 712 099	113 531	63 303	53 003

（续）

地区	空闲废弃宅基地宗数	审批宅基地宗数	审批宅基地面积	农用地转用宗数	农用地转用面积
	宗	宗	亩	宗	亩
全　国	**2 760 636**	**1 018 763**	**229 942.99**	**96 329**	**23 875.52**
北　京	1 602	20 802	7 860.00	26	7.80
天　津	3 460	107	32.93	9	2.70
河　北	142 770	6 912	2 471.64	109	31.47
山　西	142 510	8 721	3 090.51	391	165.60
内蒙古	37 367	3 170	1 815.70	41	34.00
辽　宁	34 861	1 855	716.00	45	16.40
吉　林	46 869	3 896	1 876.94	1	0.49
黑龙江	98 451	1 459	709.87	0	0.00
上　海	2 520	4 846	945.80	0	0.00
江　苏	67 736	39 569	10 246.13	2 549	781.34
浙　江	86 986	86 382	13 659.44	13 558	4 905.40
安　徽	109 399	52 341	13 533.95	1 605	440.26
福　建	32 338	37 174	5 693.26	3 819	550.99
江　西	101 852	58 188	10 038.26	10 376	1 826.51
山　东	299 241	19 839	5 666.48	1 729	514.70
河　南	470 328	25 794	6 746.78	1 483	349.80
湖　北	80 854	35 136	7 561.20	4 092	908.04
湖　南	153 752	89 160	19 845.79	10 340	2 350.08
广　东	198 430	64 776	10 383.41	1 125	370.50
广　西	137 767	71 024	12 492.29	6 577	1 755.04
海　南	11 707	37 659	6 385.98	2 348	137.07
重　庆	129 284	46 713	7 669.25	6 802	1 016.67
四　川	197 065	115 243	19 943.96	10 563	1 733.79
贵　州	48 059	71 379	14 194.43	10 295	2 089.78
云　南	32 855	74 269	17 416.04	2 521	603.75
陕　西	57 909	11 270	3 387.60	2 541	900.53
甘　肃	11 816	17 578	10 322.62	1 686	529.44
青　海	6 321	472	235.72	1	0.40
宁　夏	9 258	2 860	1 779.08	252	136.52
新　疆	7 269	10 169	13 221.93	1 445	1 716.45

（续）

地区	征收宅基地宗数	征收宅基地面积	出租宅基地宗数	出租宅基地面积	转让宅基地宗数
	宗	亩	宗	亩	宗
全 国	**707 700**	**255 731.93**	**1 149 192**	**356 229.66**	**169 086**
北 京	76	33.49	18 879	7 107	125
天 津	3	1.37	10 227	3 764.86	177
河 北	26 951	18 518.06	41 947	17 816.6	5 009
山 西	1 876	1 026.88	21 065	6 530.1	3 270
内蒙古	2 477	1 809.00	6 428	4 349	1 855
辽 宁	11 429	7 590.30	29 524	13 664.27	7 058
吉 林	4 900	2 581.34	4 417	2 671.8	2 192
黑龙江	796	1 007.34	20 479	16 139.05	20 071
上 海	4 339	1 600.73	38 785	8 581.35	210
江 苏	78 035	41 127.82	54 179	17 941.25	9 260
浙 江	147 356	31 584.75	235 892	59 237.83	23 585
安 徽	56 904	19 747.33	34 933	11 732.81	2 643
福 建	16 419	3 437.60	22 798	13 533.75	1 125
江 西	27 409	7 571.63	13 887	3 521.37	2 219
山 东	32 069	11 630.55	110 560	41 796.63	12 759
河 南	36 154	23 800.98	28 123	17 731.31	2 629
湖 北	19 270	5 608.76	9 754	2 089.34	6 362
湖 南	20 385	10 068.36	31 163	11 246.04	6 524
广 东	51 154	14 923.59	262 599	40 924.82	36 627
广 西	62 811	10 244.40	15 201	2 331.45	3 619
海 南	0	0.00	1 468	513.34	6
重 庆	19 077	4 466.65	11 350	4 027.09	2 296
四 川	36 624	11 023.86	34 297	8 672.52	3 769
贵 州	12 963	2 930.02	9 994	1 961.7	2 198
云 南	4 108	962.52	27 983	10 360.22	1 371
陕 西	18 516	8 290.52	38 938	15 514.49	1 879
甘 肃	2 162	1 023.68	3 292	4 543.97	306
青 海	1 684	1 300.01	2 039	1 178.05	4 739
宁 夏	180	86.07	2 113	1 423.01	479
新 疆	11 573	11 734.32	6 878	5 324.64	4 724

（续）

地区	转让宅基地面积	有偿使用宅基地面积	有偿退出宅基地面积	复垦宅基地面积	城乡增减挂钩调剂使用面积
	亩	亩	亩	亩	亩
全　国	**60 070.45**	**102 539.73**	**83 773.84**	**466 751.37**	**168 785.02**
北　京	43.54	12.00	60.89	0.00	0.00
天　津	84.89	80.15	0.00	0.00	0.00
河　北	2 303.75	1 592.98	8 699.58	10 647.81	2 882.40
山　西	1 219.41	1 268.93	1 485.51	12 340.38	4 936.63
内蒙古	1 395.00	603.00	16.00	2 195.00	0.00
辽　宁	5 053.92	356.73	33.83	1 314.20	843.70
吉　林	1 326.57	777.67	1 050.10	2 328.81	1 120.80
黑龙江	15 135.31	93.23	813.45	121.00	0.00
上　海	94.50	25.77	646.43	202.71	0.00
江　苏	4 662.57	4 226.32	8 754.23	44 277.96	20 156.16
浙　江	2 687.88	2 230.47	2 902.35	17 237.13	3 146.93
安　徽	1 177.13	17 572.02	11 471.42	57 322.70	27 313.61
福　建	160.23	87.76	155.83	2 116.76	504.93
江　西	446.84	10 666.06	3 775.97	25 245.44	15 148.04
山　东	4 341.09	16 495.55	557.12	15 050.71	1 697.59
河　南	920.84	17 321.85	20 150.76	15 798.37	4 820.16
湖　北	2 121.97	1 999.72	1 474.86	9 920.21	6 525.14
湖　南	1 256.85	7 328.69	2 896.97	21 761.36	16 199.12
广　东	3 710.55	15 208.81	210.80	35 728.46	1 315.01
广　西	695.15	299.32	1 295.60	8 917.60	4 176.06
海　南	3.58	3.00	0.00	81.00	0.00
重　庆	642.47	386.42	997.70	22 716.57	6 327.58
四　川	766.81	1 022.54	4 461.85	41 750.77	25 030.69
贵　州	490.76	508.13	153.95	30 603.92	6 100.87
云　南	346.51	144.86	133.02	24 305.18	4 803.29
陕　西	716.53	1 058.70	2 048.36	14 916.44	1 056.00
甘　肃	220.75	130.85	9 238.17	41 950.44	13 425.41
青　海	3 410.77	0.00	27.88	1 623.28	133.49
宁　夏	316.34	9.00	163.01	2.40	0.00
新　疆	4 317.94	1 029.20	98.20	6 274.76	1 121.41

表 7　全国乡村治理情况统计表

指标名称	代码	计量单位	数量	比去年增长（%）
一、村民自治				
（一）有村务监督组织的村数	1	个	500 814	−0.81
（二）年内财务公开的次数	2	次	3 143 588	5.03
（三）有村规民约的村数	3	个	495 505	−0.57
（四）其他自发性群众社会组织数	4	个	204 384	5.23
二、法治建设				
（一）实行"一村一辅警"的村数	5	个	435 332	2.85
（二）建立法律顾问、法律服务工作室的村数	6	个	437 797	2.34
（三）年内开展农村法治宣传教育的次数	7	次	2 215 126	3.70
三、道德文化				
（一）建立红白喜事简办制度的村数	8	个	461 253	1.53
（二）"农村文明家庭"等户数	9	户	18 743 784	1.54
（三）"农村道德模范"等人数	10	人	4 299 040	−0.21
（四）有乡村特色文化产业的村数	11	个	87 065	4.58
四、乡村发展				
（一）有村庄规划的村数	12	个	391 451	2.47
（二）村庄道路全部硬化的村数	13	个	443 088	1.22
（三）有农村社区综合服务站的村数	14	个	400 390	2.19

表 7-1　各地区乡村治理情况统计表

地区	有村务监督组织的村数	年内财务公开的次数	有村规民约的村数	其他自发性群众社会组织数
	个	次	个	个
全　国	**500 814**	**3 143 588**	**495 505**	**204 384**
北　京	3 776	32 189	3 771	4 389
天　津	3 520	23 422	3 518	1 991
河　北	48 187	199 135	47 111	17 109
山　西	19 031	102 912	18 814	6 002
内蒙古	11 079	72 821	10 242	2 460
辽　宁	11 421	89 777	11 506	1 180
吉　林	8 893	34 206	8 848	1 095
黑龙江	8 720	42 295	8 625	926
上　海	1 548	18 724	1 548	614
江　苏	15 752	127 785	15 761	10 021
浙　江	19 873	196 316	19 806	20 937
安　徽	15 614	94 143	15 463	6 969
福　建	14 520	104 369	14 434	4 527
江　西	17 023	58 282	16 871	9 711
山　东	55 377	689 439	55 356	20 829
河　南	47 705	185 692	47 151	16 969
湖　北	22 872	99 748	22 506	9 359
湖　南	23 842	88 332	23 802	9 124
广　东	21 568	223 479	21 479	10 610
广　西	14 643	39 045	14 335	4 469
海　南	2 533	9 394	2 185	427
重　庆	7 944	77 156	7 944	5 812
四　川	27 277	141 098	27 295	12 223
贵　州	16 028	72 908	16 018	7 036
云　南	13 707	97 545	13 709	6 757
陕　西	17 303	59 472	17 445	4 593
甘　肃	15 854	64 332	14 837	3 881
青　海	4 103	16 157	4 072	461
宁　夏	2 221	17 231	2 221	2 336
新　疆	8 880	66 184	8 832	1 567

（续）

地区	实行"一村一辅警"的村数	建立法律顾问、法律服务工作室的村数	年内开展农村法治宣传教育的次数	建立红白喜事简办制度的村数	"农村文明家庭"等户数
	个	个	次	个	户
全　国	435 332	437 797	2 215 126	461 253	18 743 784
北　京	3 196	3 756	20 349	3 087	19 277
天　津	3 252	3 371	16 309	3 393	22 731
河　北	33 797	39 184	104 033	44 769	800 479
山　西	14 909	13 791	77 265	17 341	763 725
内蒙古	6 834	6 256	29 142	8 017	71 512
辽　宁	9 759	9 026	33 187	8 753	180 946
吉　林	8 770	7 107	30 009	5 949	176 517
黑龙江	7 754	5 337	26 844	6 662	107 522
上　海	1 403	1 471	7 690	1 195	136 128
江　苏	15 369	14 978	82 798	15 342	3 472 980
浙　江	18 303	18 611	91 292	18 086	2 049 284
安　徽	15 361	14 515	67 091	14 902	676 279
福　建	11 722	12 417	52 201	13 690	396 337
江　西	14 289	14 193	46 128	16 371	245 181
山　东	51 422	53 241	250 544	55 174	1 275 664
河　南	47 067	44 493	174 600	46 758	841 445
湖　北	21 518	20 805	95 707	22 080	910 221
湖　南	23 374	20 364	69 795	22 344	989 599
广　东	15 063	20 197	108 284	13 917	983 078
广　西	13 389	14 227	48 432	12 354	98 413
海　南	1 773	2 146	7 571	2 097	25 505
重　庆	6 819	7 481	52 032	7 852	176 957
四　川	23 125	25 692	176 706	26 656	1 064 266
贵　州	14 021	14 339	113 863	16 013	823 578
云　南	12 295	11 862	109 079	13 374	555 232
陕　西	14 284	13 731	60 512	16 640	272 170
甘　肃	11 518	11 472	57 368	13 976	87 163
青　海	3 958	3 116	15 543	3 638	201 204
宁　夏	2 156	2 189	10 661	2 188	20 964
新　疆	8 832	8 429	180 091	8 635	1 299 427

（续）

地区	"农村道德模范"等人数	有乡村特色文化产业的村数	有村庄规划的村数	村庄道路全部硬化的村数	有农村社区综合服务站的村数
	人	个	个	个	个
全　国	**4 299 040**	**87 065**	**391 451**	**443 088**	**400 390**
北　京	3 968	467	2 992	3 550	3 598
天　津	4 017	334	2 631	3 156	3 248
河　北	179 929	4 245	35 529	38 829	43 547
山　西	146 549	2 841	13 367	17 977	11 978
内蒙古	29 686	1 458	7 797	8 930	6 270
辽　宁	70 725	1 166	6 452	6 650	5 875
吉　林	70 272	728	6 010	6 328	6 006
黑龙江	42 264	855	6 059	5 403	4 823
上　海	26 453	226	921	1 378	1 345
江　苏	266 674	3 764	13 308	14 278	15 471
浙　江	236 715	6 396	18 073	18 664	16 665
安　徽	112 412	3 218	13 328	14 547	14 334
福　建	49 411	2 881	11 731	13 283	11 457
江　西	112 080	4 067	16 170	16 763	15 021
山　东	680 809	6 771	42 880	51 673	37 424
河　南	379 087	6 815	33 865	41 210	38 181
湖　北	411 341	5 792	19 080	20 264	19 421
湖　南	280 340	4 799	18 168	21 376	21 830
广　东	133 952	3 152	18 703	18 403	18 472
广　西	134 405	3 189	9 299	13 129	12 193
海　南	6 423	344	2 191	2 404	1 680
重　庆	74 231	2 135	7 385	7 490	7 810
四　川	375 157	7 158	20 620	25 677	23 437
贵　州	161 475	3 157	14 699	16 032	15 032
云　南	60 491	2 885	12 342	11 938	11 588
陕　西	85 057	3 179	13 942	16 510	11 584
甘　肃	36 931	2 007	11 285	12 692	9 239
青　海	20 535	375	2 676	3 679	2 719
宁　夏	6 861	620	1 781	2 104	2 095
新　疆	100 790	2 041	8 167	8 771	8 047

第二篇

2022 年农村合作经济统计分析报告

2

2022 年家庭农场发展情况

——农村合作经济统计分析报告之一

根据全国家庭农场名录系统的统计数据汇总分析，2022 年，全国家庭农场数量小幅增长，发展质量稳步提升，规模经营水平进一步提高，成为促进小农户和现代农业发展有机衔接的重要力量。

一、总量小幅增长，发展质量稳步提升

截至 2022 年底，纳入全国家庭农场名录系统的家庭农场（以下简称"全国家庭农场"）达 393.4 万个，比上年增加 2 万个，增长 0.5%。其中，在市场监管部门注册登记的家庭农场有 97.4 万个，占家庭农场总数的 24.8%。家庭农场数量超过 15 万个的有 9 个省份，分别是山东、黑龙江、内蒙古、河南、四川、湖南、安徽、湖北、江苏，合计达 247.7 万个，占全国家庭农场总数的 62.9%（图 1）。家庭农场发展质量稳步提升，县级及以上示范家庭农场 20.2 万个，同比增长 19.0%；拥有注册商标的家庭农场有 8.3 万个，同比增长 8.2%；通过农产品质量认证的家庭农场有 25.4 万个，同比增长 12.9%。

二、行业分布多元，种粮家庭农场占比超过四成

截至 2022 年底，从事种植业的家庭农场 258.8 万个，占全国家庭农场总数的 65.8%；从事畜牧业的家庭农场 71.7 万个，占全国家庭农场总数的 18.2%；从事种养结合、渔业、林业、农业服务业的家庭农场分别为 32.4 万个、18.4 万个、2.3 万个、1.1 万个，分别占全国家庭农场总数的 8.2%、4.7%、0.6%、0.3%（图 2）。家庭农场保障粮食和

重要农产品生产作用凸显，种粮家庭农场达 176.5 万个，占全国家庭农场总数的 44.9%，同比增长 14.2%；从事生猪产业的家庭农场达 21.7 万个，占全国家庭农场总数的 5.5%，同比增长 17.1%；从事奶业的家庭农场达 4.3 万个，占全国家庭农场总数的 1.1%，同比减少 24.1%。

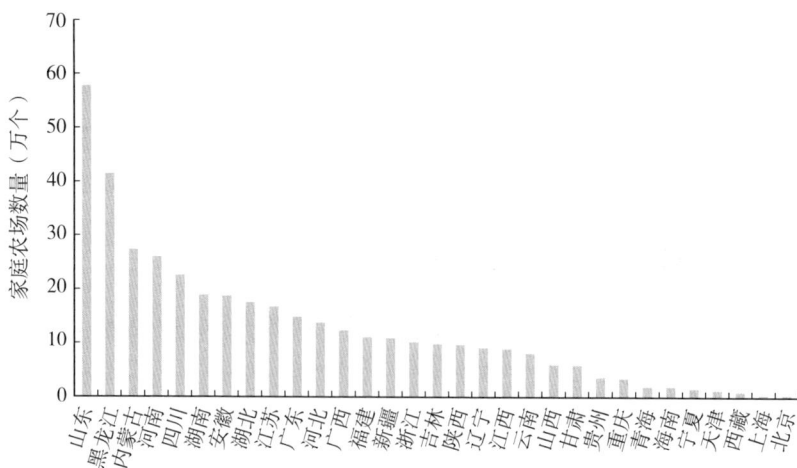

图 1　2022 年全国各地区家庭农场数量

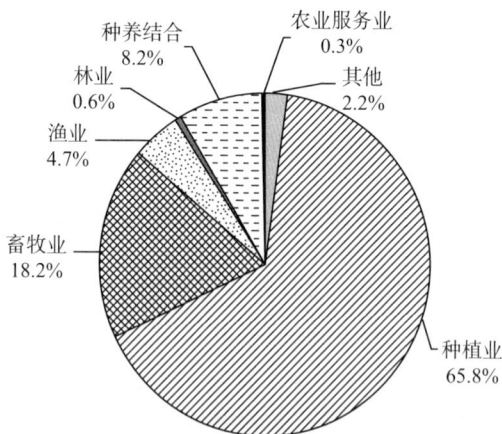

图 2　2022 年家庭农场行业分布情况

三、经营土地面积增加，规模经营水平进一步提高

截至 2022 年底，全国家庭农场经营土地总面积 69 775.4 万亩，同比增长 3.6%。按照不同土地类型，全国家庭农场经营耕地、草地、园地、林地、水面面积分别为 31 232.7 万亩、34 687.4 万亩、258.5 万亩、1 409.3 万亩、1 352.7 万亩。家庭农场积极发展粮食适度规模经营，粮食作物种植面积 26 258.9 万亩，同比增长 17.1%；平均每个种粮家庭农场经营土地面积 148.8 亩，同比增长 2.6%。种粮面积在 50 亩以上的家庭农场占种粮家庭农场总数的 75.2%，同比提高 1.1 个百分点。其中，种粮面积在 50 亩以下的占 24.8%，在 50～100 亩的占 33.8%，在 100～200 亩的占 24.6%，在 200～500 亩的占 13.9%，500 亩以上的占 2.9%，同比分别增长 14.2%、16.3%、22.4%、6.4%（图 3）。

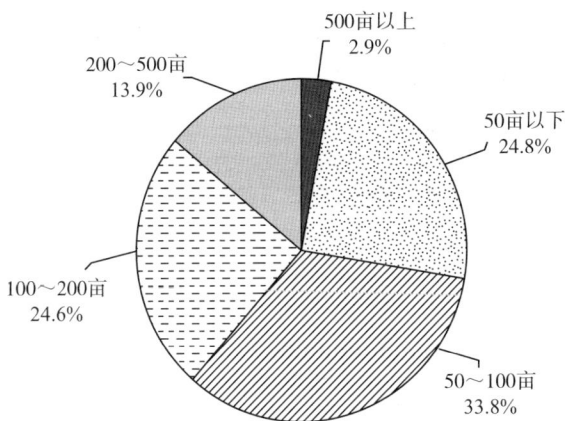

图 3 2022 年种粮家庭农场种植规模分布情况

四、经营收入保持增长，净利润有所下降

截至 2022 年底，全国家庭农场劳动力总数 1 234.3 万个，同比

增长 16.9%；平均每个家庭农场 3.1 个劳动力，其中，家庭成员劳动力 2.2 个、常年雇佣劳动力 0.9 个。2022 年，全国家庭农场经营总收入 12 949.6 亿元，同比增长 8.4%。半数以上家庭农场年经营收入在 10 万～50 万元，年经营收入在 10 万元以下、10 万～30 万元、30 万～50 万元、50 万元以上的家庭农场数量占比分别为 34.8%、44.2%、10.7%、10.3%。全国家庭农场经营净利润总额 4 570.2 亿元，同比下降 6.4%，平均每个家庭农场年净利润 11.6 万元。

五、财政扶持和信贷保险覆盖面扩大，总量仍显不足

2022 年，各级财政扶持家庭农场资金总额 131.5 亿元，获得财政资金扶持的家庭农场 11.8 万个，同比增长 3.5%，仅占全国家庭农场总数的 3.0%。全国家庭农场获得贷款资金总额 368.5 亿元，获得贷款支持的家庭农场 13.4 万个，同比增长 18.3%，仅占全国家庭农场总数的 3.4%。截至 2022 年底，全国家庭农场贷款余额 180.8 亿元，162.4 万个家庭农场购买了农业保险（图 4）。

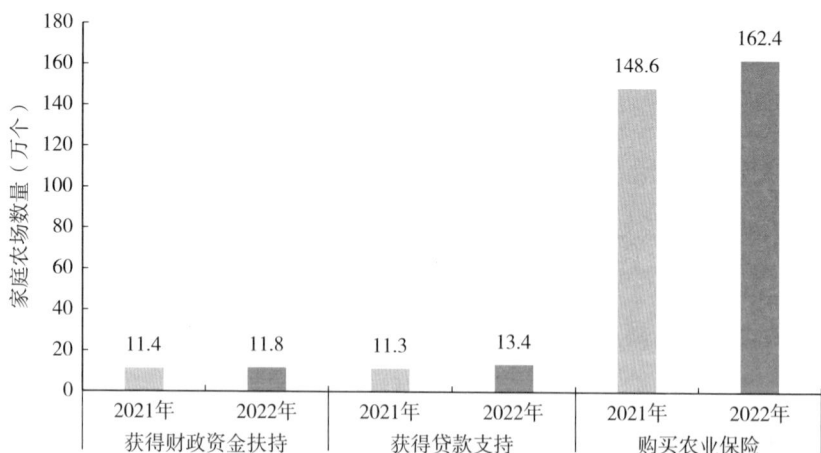

图 4　2021—2022 年获得财政信贷支持和购买农业保险的家庭农场数量

2022 年农业社会化服务发展情况

——农村合作经济统计分析报告之二

根据全国 30 个省、自治区、直辖市（不含西藏，下同）农业社会化服务发展情况统计数据汇总分析，2022 年，农业社会化服务克服新冠疫情和部分地区自然灾害带来的不利影响，继续保持加快发展态势，各类服务组织总数达到 107.0 万个，服务营业收入总额达到 1 833.9 亿元，服务小农户数量达到 9 156.4 万户，服务总面积达到 19.7 亿亩次，其中服务粮食作物面积 14.7 亿亩次，对保障粮食和重要农产品稳定安全供给、促进小农户和现代农业发展有机衔接、推动农业现代化发展发挥出越来越重要的引领支撑作用。

一、农业社会化服务加快发展

截至 2022 年底，全国各类社会化服务组织总数 107.0 万个，较上年增长 2.8%；服务营业收入总额 1 833.9 亿元，较上年增长 95.6 亿元，增幅为 5.5%。从增长速度看，服务型企业和农村集体经济组织增速较明显，分别较上年增长 6.5% 和 6.1%；农民合作社和农业服务专业户数量平稳增长，增速分别为 3.8% 和 1.8%（表 1）。从结构分布看，农业服务专业户在各类服务组织中占比仍然最高，为 52.5%；农民合作社次之，占比为 31.4%；农村集体经济组织和服务型企业占比分别为 7.0% 和 3.9%；其余服务组织占比为 5.1%（图 1）。从服务对象看，各类服务组织持续把小农户作为服务重点，服务小农户数量 9 156.4 万户，占服务对象总数的 85.7%，占全国农业经营户总数的 44.1%；服务小农户营业收入 1 029.8 亿元，占服务营业收入总额的 56.2%。

表 1　2021—2022 年各类农业社会化服务组织数量

		农民合作社	农村集体经济组织	服务型企业	农业服务专业户	其余服务组织	合计
数量（万个）	2021 年	32.4	7.1	4.0	55.2	5.48	104.1
	2022 年	33.6	7.5	4.2	56.2	5.49	107.0
增长率（%）		3.8	6.1	6.5	1.8	0.3	2.8

注：受小数点四舍五入影响，数据以个为单位和以万个为单位计算存在出入，表中增长率均按照数据以个为单位计算得出。

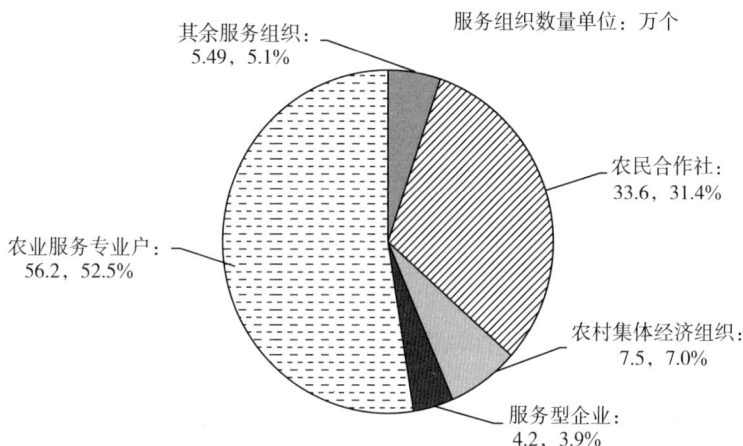

图 1　2022 年各类农业社会化服务组织数量及占比情况

二、多元服务组织加快壮大

各地按照主体多元、形式多样、服务专业、竞争充分的要求，因地制宜、分类指导，大力培育发展各类服务组织，充分发挥各自优势和功能，服务组织呈现出类型多样、加快壮大、共同发展的良好势头。

（一）服务型农民合作社服务营业收入最高，服务对象数量和服务小农户数量最多。2022 年，服务型农民合作社 33.6 万个，服务营业收入 799.8 亿元，较上年增长 7.4%，占服务营业收入总额的 43.6%。服务对象数量最多，为 4 444.7 万个（户），占全国服务对象总数的 41.6%；其中又以服务小农户数量最多，为 3 839.6 万个（户），占全国服务小农户总数的 41.9%。

（二）开展社会化服务的农村集体经济组织发展加速，组织优势不断凸显。2022 年，开展社会化服务的农村集体经济组织 7.5 万个，服务营业收入 89.4 亿元，较上年增长 5.6%；服务对象数量 1 093.4 万个（户），其中服务小农户数量 894.1 万个（户），分别较上年增长 2.9% 和 3.0%。从地区分布看，河南、山东、广东、湖南、陕西 5 个省份开展社会化服务的农村集体经济组织数量均超过 5 000 个。实践中，大多数集体经济组织以提供"居间"服务为主，充分发挥桥梁纽带作用，组织协调广大小农户与各类服务主体对接，统一接受专业化规模化服务。

（三）服务型企业保持稳定发展势头，单体服务能力仍然最强。2022 年，服务型企业 4.2 万个，服务营业收入 520.2 亿元，服务对象数量 1 969.5 万个（户），其中服务小农户数量 1 644.5 万个（户），分别较上年增长 6.5%、1.1%、2.9%、3.7%。虽然服务型企业在各类服务组织中占比不高（仅为 3.9%），但从单体情况看，其服务范围最广、服务对象数量最多、服务营业收入最高、服务带动能力最强。2022 年，服务型企业平均服务对象数量为 466 个（户），平均营业收入达到 123.2 万元（图 2）。

（四）农业服务专业户充分发挥贴近小农户和服务便捷的优势，服务对象中小农户数量占比最高。2022 年，农业服务专业户 56.2 万个，服务营业收入 331.6 亿元，从业人员数 151.2 万人。服务对象数量 2 451.1 万个（户）。其中，服务小农户数量 2 149.1 万个（户），占比达 87.7%，每个服务专业户平均服务 38 个（户）小农户。山东省农业服务专业户数量在全国最多，达到 7.2 万个（户），占全国服务专业户总数的 12.9%，服务小农户数量 351.6 万个（户）。

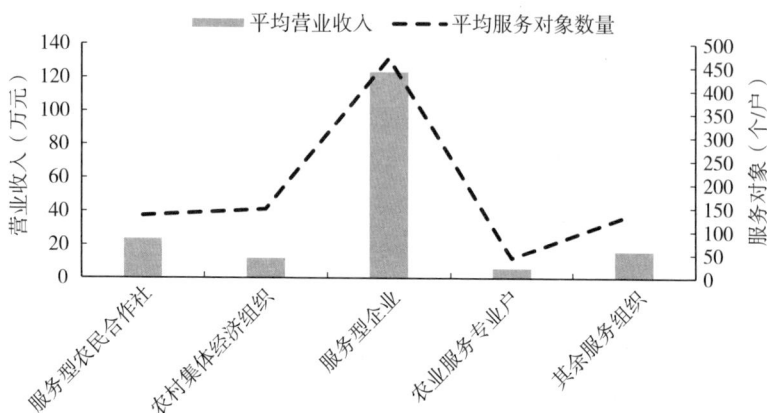

图 2 2022 年各类农业社会化服务组织平均营业收入和平均服务对象数量情况

三、农业生产托管服务加快推进

（一）服务面积增速加快。2022 年，全国农业生产托管服务总面积 19.7 亿亩次，较上年增长 5.4%。其中，新疆和宁夏服务面积增速超过 20%，云南、甘肃、江西、海南、陕西和吉林增速超过 10%。服务面积超过 1 亿亩次的省份有安徽、山东、河北、河南、黑龙江和山西 6 省，服务面积合计达 11.7 亿亩次，占全国托管服务总面积的 59.4%。

（二）服务保障国家粮食安全作用显著。2022 年，全国农业生产托管服务粮食作物面积 14.7 亿亩次，较上年增长 8.7%，占全国托管服务总面积的 74.4%*，比上年提高 2.2 个百分点。其中，13 个粮食主产省的粮食作物托管服务面积达 12.3 亿亩次，占全国托管服务粮食作物面积的 83.7%，占全国托管服务总面积的 62.3%，生产托管在保障国家粮食安全和重要农产品有效供给方面发挥出不可或缺的重要作用。作为粮食主产省的黑龙江、安徽、山东、河南，粮食作物托管服务面积占本省份

---

* 受四舍五入影响，数据存在出入，下同。——编者注

托管服务总面积的比重分别高达 86.6%、82.3%、81.7% 和 80.5%。

（三）服务带动小农户能力进一步提升。2022 年，农业生产托管服务小农户面积 13.3 亿亩次，较上年增长 5.4%，占全国托管服务总面积的 67.3%。在农业生产过程的耕、种、防、收四个主要环节，小农户接受托管服务面积分别占各环节全国托管服务面积的 65.7%、68.5%、64.8% 和 69.9%，比重均超过六成（表 2）。

表 2　2022 年农业生产托管服务各环节面积

	耕	种	防	收	总计
全国托管服务面积（亿亩次）	5.4	4.5	4.4	5.4	19.7
服务小农户面积（亿亩次）	3.6	3.1	2.9	3.8	13.3
占比（%）	65.7	68.5	64.8	69.9	67.3

注：受小数点四舍五入影响，数据以亩次为单位和以亿亩次为单位计算存在出入，表中占比均按照数据以亩次为单位计算得出。

总的来看，各级各部门深入贯彻党中央、国务院决策部署，不断强化引导和推动，农业社会化服务持续加快发展，成为推进乡村振兴和农业农村现代化、加快建设农业强国中的突出亮点。但在其发展过程中，还存在产业规模不大、服务领域不宽、服务质量和水平有待提升等问题。下一步，将围绕促进小农户和现代农业发展有机衔接这一主线，以培育农业服务战略性大产业为目标，立足引导、推动、扶持、服务、规范的工作定位，用好主体培育、模式创新、领域拓展、资源整合、行业规范、典型示范六大抓手，大力发展多元化、多层次、多类型的农业社会化服务，进一步优化发展环境、激发主体活力、提升行业竞争力，促进农业社会化服务提档升级、提质增效，更好地引领小农户和农业现代化发展。

2022 年农民专业合作社发展情况

——农村合作经济统计分析报告之三

根据全国 31 个省、自治区、直辖市农村经营管理情况统计数据汇总分析，2022 年，农民专业合作社数量稳中缓升，发展质量稳步提升，服务能力不断增强，联合与合作的水平进一步提高，为保障粮食和重要农产品稳定安全供给提供了主体支撑。

一、合作社总体数量稳中缓升，发展质量稳步提升

截至 2022 年底，全国纳入统计调查的农民专业合作社总数达 208.6 万家，较上年增长 2.7%。黑龙江、上海、内蒙古、天津、江苏、浙江、辽宁、四川等 8 个省（自治区、直辖市）合作社总数呈负增长，较上年降幅分别为 4.6%、4.3%、4.0%、3.8%、2.6%、0.7%、0.5%、0.5%。产业链条持续延伸，实行产加销一体化服务的合作社 104.8 万家，占比 50.2%。以运销、加工服务为主的合作社分别为 9.9 万家、7.2 万家，较上年增长 3.9% 和 5.3%。创办加工、流通、销售等实体的合作社 12.1 万家，较上年增长 13.4%。经营服务能力保持稳定。为成员统一销售农产品占成员当年销售产品总值 80% 以上的合作社 59.7 万家，较上年增长 10.7%；为成员统一购买农业生产投入品占成员当年农业生产投入品购买总额 80% 以上的合作社 40.3 万家，较上年减少 3.3%。拥有注册商标的合作社 10.3 万家，通过农产品质量认证的合作社 6.2 万家，分别较上年增加 0.9% 和 6.5%。规范水平不断提高。截至 2022 年底，全国县级及以上示范社 20.9 万家，较上年增长 10.6%，占农民专业合作社总数的 10.0%。其中，国家级示范社 9 846 家、省级示范社 3.7 万

家、市级示范社 5.9 万家、县级示范社 10.3 万家。提留公积金、公益金、风险金的合作社 26.6 万家，较上年增长 4.3%。60% 以上可分配盈余按交易量（额）返还成员的合作社 34.6 万家，较上年增长 4.1%。

二、种养业合作社占比超七成，新兴产业发展迅速

截至 2022 年底，从事种植业、畜牧业、服务业、林业、渔业的农民专业合作社数量依次为 114.1 万家、41.2 万家、16.2 万家、11.6 万家和 6.1 万家，占比分别为 54.7%、19.7%、7.7%、5.5%、2.9%。种养业合作社数量占比超七成，为 77.3%（图 1）。种植业合作社中，粮食、蔬菜类合作社数量分别为 54.2 万家、22.1 万家，分别较上年增长 4.9% 和 3.4%；畜牧业合作社中，生猪、奶业、肉牛羊、肉鸡、蛋鸡合作社数量分别为 13.2 万家、1.0 万家、11.8 万家、4.1 万家和 2.7 万家，分别较上年增长 1.9%、6.8%、3.2%、4.9% 和 9.2%。农机植保服务类合作社数量持续增长。农机、植保服务类合作社数量分别为 9.6 万家、1.9 万家，分别较上年增长 2.2% 和 5.6%。从事新产业新业态的合作社发展势头强劲。开展电子商务的合作社 6.3 万家，开展休闲农业和乡村

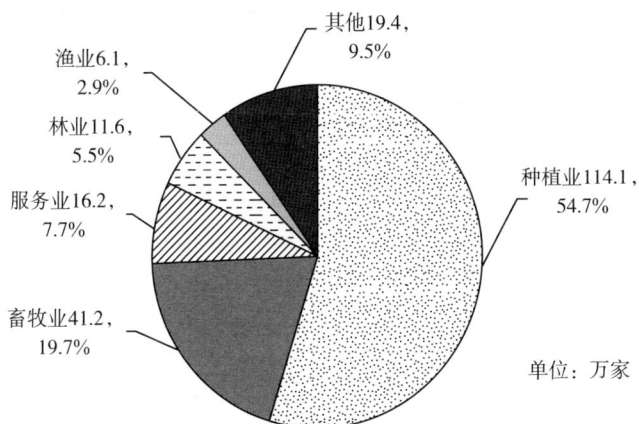

图 1　2022 年底全国农民专业合作社行业分布情况

旅游的合作社 1.9 万家，从事民间工艺及制品开发经营的合作社 0.5 万家，分别较上年增长 8.4%、10.0% 和 34.9%（表1）。

表1 2021—2022 年各类农民专业合作社数量变化情况

		粮食	蔬菜	生猪	奶业	肉牛羊	肉鸡
数量	2021 年	51.7	21.4	13.0	1.0	11.4	3.9
（万家）	2022 年	54.2	22.1	13.2	1.0	11.8	4.1
增长率（%）		4.9	3.4	1.9	6.8	3.2	4.9
		蛋鸡	农机	植保	电子商务	休闲农业	民间工艺
数量	2021 年	2.4	9.4	1.8	5.8	1.7	0.4
（万家）	2022 年	2.7	9.6	1.9	6.3	1.9	0.5
增长率（%）		9.2	2.2	5.6	8.4	10.0	34.9

注：受小数点四舍五入影响，数据以家为单位和以万家为单位计算存在出入，表中增长率均按照数据以家为单位计算得出。

三、合作社组织农民功能凸显，联农带农成效显著

合作社成员类型多样，普通农户成员占比超 95%。全国农民专业合作社成员数 5 984.4 万个，社均农户成员 29 个。合作社成员中，普通农户成员 5 717.3 万个，占比 95.5%；家庭农场成员 163.6 万个，占比 2.7%；企业成员 25.1 万个，占比 0.4%。农民牵头领办合作社占比超八成。由农民牵头领办的合作社 168.7 万家，占比 80.9%，比上年增长 2.0%，其中，由村组干部牵头领办的合作社 25.0 万家，比上年增长 3.8%。由企业牵头领办的合作社 3.4 万家，占比 1.6%，比上年增长 0.8%。出资成员占比稳步提升。货币出资成员数 2 177.2 万个，占合作社成员总数的 36.4%，比上年增长 1.4%，土地经营权作价出资成员数 855.0 万个，占合作社成员总数的 14.3%，与上年基本持平。有 7.4 万家合作社实行了成员土地经营权作价出资，作价出资土地面积 3 413.3 万亩，比上年增长 26.7%，社均 460.1 亩。合作社持续为成员提供统一

服务。农民专业合作社为成员提供的经营服务总值为 8 773.5 亿元，成员人均享受合作社统购统销服务 1.5 万元。其中，统一销售农产品总值达 6 411.7 亿元，平均为每个成员销售农产品 1.1 万元；统一购买生产投入品总值达 2 361.8 亿元，平均为每个成员购买生产投入品 0.4 万元。合作社经营水平保持稳定。农民专业合作社年经营收入 6 309.2 亿元，社均 30.3 万元，较上年增长 0.6%；可分配盈余 874.0 亿元，社均 4.2 万元，合作社成员人均获得盈余返还 1 460.4 元，较上年增长 1.2%。

四、社际间联合合作发展，规模效应持续显现

截至 2022 年底，农民专业合作社联合社 1.4 万家，比上年增长 2.8%。联合社成员社 17.6 万个，平均每个联合社拥有 13 个成员社。联合社经营收入总值 161.7 亿元，社均经营收入 117.0 万元；可分配盈余 23.0 亿元，社均可分配盈余 16.6 万元，成员社平均获得盈余返还 13 042.5 元，比上年增长 29.1%。合作社联合会 1 787 个，较上年增长 0.8%。成立基层党组织的合作社 49 996 家、较上年增长 8.4%，合作社成员中党员数 74.5 万人、较上年增长 7.0%。

2022 年农民负担情况

——农村合作经济统计分析报告之四

根据对全国 31 个省、自治区、直辖市农民负担情况统计数据汇总分析，2022 年全国农民直接承担的各种社会负担、一事一议筹资及以资代劳、上交集体款项总额为 236.26 亿元。其中，行政事业性收费和罚款两种社会负担以及一事一议筹资筹劳持续下降，但由于上交村集体的土地承包费用增长较快，负担总额比上年增加 25.15 亿元，同比增加 11.9%。人均负担由 2021 年的 23.0 元[*]增加至 25.7 元。

一、农民社会负担继续明显下降

2022 年农民承担的各项社会负担 5.88 亿元，比上年下降 36.4%。一是有关部门或单位向农民收取的行政事业性收费 5.50 亿元，下降 37.7%。从各省来看，25 个省份行政事业性收费持续下降或持平。其中，天津、山西、辽宁、江西、湖北、广西、贵州等 7 省行政事业性收费下降超 50.0%；内蒙古、福建、海南、重庆、甘肃行政事业性收费比上年有所增长。从收费内容看，各项行政事业性收费均呈下降趋势。其中，计划生育收费 0.26 亿元，下降 61.8%；外出务工经商收费 0.49 亿元，下降 37.5%；农机、摩托车、三轮车和低速载货汽车收费 3.17 亿元，下降 22.0%；有关部门或单位向建房农民收费 0.37 亿元，下降 56.0%；其他行政事业性收费 1.20 亿元，下降 50.8%。二是罚款金额 0.37 亿元，同比下降 7.8%，乱罚款现象继续得到遏制。

---

[*]　因计算方式调整，2021 年人均负担由 20.8 元调整为 23.0 元。——编者注

二、一事一议筹资筹劳有所减少

2022 年全国开展一事一议筹资筹劳的总村数（包括只筹资、只筹劳、既筹资又筹劳）为 47 841 个，比上年下降 2.2%，占全国行政村总数的 9.5%。开展一事一议筹资和以资代劳资金的总金额为 14.85 亿元，比上年下降 5.5%。其中，一事一议筹资金额 10.15 亿元，比上年下降 5.8%；一事一议以资代劳金额 4.70 亿元，比上年下降 4.6%。分省看，全国有 19 个省份一事一议筹资和以资代劳金额比上年减少或持平，海南、山西、贵州一事一议筹资和以资代劳金额比上年有所增长。

三、上交集体款项增长较快

2022 年农民上交集体各种款项 215.53 亿元，比上年增加 29.37 亿元，增长 15.8%；其中，土地承包金增加 30.54 亿元，是增长的主要原因。一是农户家庭承包土地之外的土地承包金 206.48 亿元，比上年增长 17.4%，占上交集体各种款项的 95.8%。其中，山西、福建上交土地承包金增幅超 50%，四川、云南、吉林、广东、黑龙江等 10 个省份增幅在 20% 以上。主要原因是各地进一步加强了农村土地资源管理，盘活了农村集体资源，开展了清理合同、化解债务、新增资源收费等工作，部分地区新增收费面积较多，集体土地、山地、林地等价格上浮，还有部分地区村集体对 2022 年之前承包户承包土地的相关费用进行集中收缴和整改，导致 2022 年土地承包金涨幅较大。二是向村集体交纳的灌溉、排涝和设施管护等"村级共同生产费用"1.77 亿元，比上年增长 1.5%。三是建房农户向村集体交纳的宅基地使用费等费用为 1.13 亿元，比上年减少 41.1%。其中，甘肃、云南、海南、山西、新疆、福建等 6 个省份建房农户向村集体交纳的建房费用增加，其余省份均不同程度下降或持平。

四、农业生产性收费有所增加

2022 年农业生产性收费 130.58 亿元，比上年增长 3.1%。其中，农业灌溉水费 78.75 亿元，比去年增长 3.3%；农业灌溉电费 50.82 亿元，比去年增长 2.9%；农业生产性其他收费 1.0 亿元，比去年减少 2.0%。农业生产性收费较上年增加的主要原因是部分地区农业灌溉用水用电费用有所增加。从地区看，有 20 个左右的省份农业灌溉水费、电费都出现了增幅，其中，湖北、重庆的农业灌溉水费增幅在 15% 左右，广东、重庆、贵州的农业灌溉电费增幅超过 30%。灌溉水费、电费出现增长，一方面是受天气影响，如重庆、贵州等地出现不同程度干旱，致使农业灌溉电费成本增幅较大；另一方面，有些地区加强了农业用水收费管理，有些地区开展水权和用水收费制度改革，水价有所上涨。

2022 年农经机构队伍发展情况

——农村合作经济统计分析报告之五

农经机构队伍是巩固完善农村土地承包关系、加强农村宅基地管理、加快构建现代农业经营体系、统筹推进乡村治理体系建设、发展壮大农村集体经济的重要力量。根据全国 30 个省、自治区、直辖市（不含西藏，下同）农经机构队伍情况统计数据汇总分析，截至 2022 年底，全国各级农经机构约 2.48 万个，与上年基本持平；农经队伍实有人数约 10.71 万人，较上年增长 0.81%。总体看，全国农经机构队伍基本趋于稳定，但仍面临基层农经机构数量不足、行政力量弱化、地区间发展不平衡等突出问题，需要引起高度重视并加以解决。

一、农经机构数量略有下降

一是农经机构数量总体稳定，行政机构数量增加、事业机构数量下降。2022 年，全国农经机构 2.48 万个，比上年下降 0.09%。其中，行政机构 6 941 个，比上年增长 7.63%；事业机构 17 874 个，比上年减少 2.80%。二是除乡镇级机构外，其他各级农经机构数量均下降，上级降幅大于下级降幅。2022 年，全国省级、地级、县级、乡镇级农经机构分别为 81 个、486 个、2 839 个、21 409 个，省级、地级、县级农经机构数量分别比上年减少 2.41%、1.22%、0.66%，乡镇级农经机构数量比上年增长 0.02%。此外，还有 4 775 个乡镇没有明确承担农经职能的机构，占全国乡镇总数的 16.96%。三是省级农经机构以行政为主，县级和乡镇级农经机构以事业为主。2022 年，省级农经机构中行政机构数量占比为 67.90%；地级农经机构中行政机构数量占比为

53.29%，略高于事业机构；县级和乡镇级农经机构中，行政机构数量占比分别为 24.27% 和 27.74%，事业机构占比均在 75% 左右。

二、农经队伍有待巩固加强

一是全国农经队伍人数上涨，在编比例小幅下降。2022 年，全国农经队伍实有人数 107 089 人，较上年增长 0.81%；在编人数 87 675 人，占比 81.87%，较上年下降 0.53 个百分点。其中，福建省农经队伍实有人数较上年增长 14.99%，分别来自省级、县级和乡镇级农经人员的增加。海南农经队伍实有人数较上年减少一半，其中省级和乡镇级农经队伍实有人数较上年分别减少 62.5% 和 53.08%。二是农经队伍在编人员以事业编制为主，各省份间平均在编人数差距较大。全国农经队伍在编人员中，事业编制人数占比为 71.46%。各省份间农经机构平均在编人数差距较大。其中，县级农经机构平均在编人数最多的是北京，为 19 人；最少的是海南省，平均人数不足 1 人。乡镇级农经机构平均在编人数最多的是云南省为 14 人，最少的是青海省仅 1 人。三是省级、地级和乡镇级农经行政人员有所增加，县级农经行政力量依然薄弱。2022 年，省、地、县、乡镇四级农经机构在编行政人员分别占同级在编农经人员总数的 39.13%、26.28%、17.76% 和 31.90%。其中，地级在编行政人员数量较上年增加了 5.03%，占比上升了 0.97 个百分点；县级在编行政人员数量较上年减少了 3.08%。伴随上一轮机构改革职责划转，原由事业单位承担的大量农经职责任务改由行政机构履行，但农经行政力量特别是县级行政力量严重不足，不能很好满足基层农村经营管理工作的实际需要。

三、基层农经人员素质有所提高

一是县、乡镇农经机构在编人员的学历水平有所提升。2022 年，县、乡镇农经机构在编人员拥有中专以上学历的有 78 290 人，较上年减少 1.13%，占县、乡镇农经机构在编人数的 93.27%。其中，大专及以上学历占中专以上学历人数的 86.94%，较上年提高 0.58 个百分点。二是基层农经人员高级职称占比小幅提高。2022 年，县、乡镇农经机构在编人员中拥有专业技术职称的 31 815 人，占县、乡镇农经机构在编人数的 37.90%。其中，高级职称占比 7.53%，较上年提高 0.22 个百分点。三是基层农经机构"新人"比重不断上升。2022 年，工作 3 年（含）以下的县、乡镇农经机构在编人员 22 198 人，较上年增长 4.94%，占县、乡镇农经机构在编人数的 26.45%，较上年提高 1.39 个百分点。

加强农经机构队伍建设，是落实党的农村基本政策、推动农村改革任务落地、维护农民合法权益的重要组织保障。下一步，围绕贯彻落实好中央农村工作领导小组办公室、农业农村部《关于加强统筹协调扎实做好农村经营管理工作的通知》要求，坚持以工作促体系建队伍，进一步强化指导督促，创新方式方法，推动各地切实加强农经机构队伍建设，确保事有人干、责有人负。

2022 年农村宅基地管理利用情况

——农村合作经济统计分析报告之六

根据对全国 30 个省、自治区、直辖市（不含西藏，下同）农村宅基地管理利用情况统计年报数据汇总分析，2022 年农村宅基地管理利用情况如下：

一、宅基地总体情况

（一）**宅基地宗数。**2022 年全国农村宅基地宗数为 26 781.54 万宗。其中东部地区最多，为 9 784.90 万宗，占全国宅基地宗数的 36.5%；中部、西部、东北地区宗数依次为 8 040.34 万宗、7 593.36 万宗和 1 362.94 万宗。山东、河南、四川宅基地宗数位列全国前三，分别为 2 772.17 万宗、2 328.74 万宗和 1 875.50 万宗。

（二）**农户宅基地拥有情况。**2022 年全国占有一处宅基地、占有两处及以上宅基地的农户数分别为 21 175.20 万户、1 701.10 万户。

（三）**非本集体成员占有情况。**全国非本集体成员占有的宅基地 297.81 万宗，占全国宅基地宗数的 1.11%。其中，东北地区非本集体成员占有宗数比例最高，为 2.39%；东部、中部、西部地区分别为 1.18%、1.05% 和 0.86%。

（四）**宅基地闲置情况。**2022 年全国闲置宅基地（地上房屋倒塌或无房屋，以及地上房屋无人居住时间超过一年）总宗数为 983.04 万宗，占全国宅基地宗数的 3.67%。其中，空闲废弃宅基地（地上房屋倒塌或无房屋，包括未分配宅基地、已分配但尚未建房的宅基地）宗数为 276.06 万宗，占全国闲置宅基地宗数的 28.08%（表 1）。以宗数测算，东北地区宅基地闲置率最高，为 6.35%；中部、东部、西部地区闲置率依次为 4.11%、3.53% 和 2.90%。黑龙江、宁夏和重庆宅基地闲置率较高，分别为 11.82%、7.79% 和 6.01%；甘肃、云南和上海宅基地闲置率较低，分别为 1.00%、1.01% 和 1.42%。

表 1　全国宅基地闲置情况

地区	闲置宅基地		其中：空闲废弃宅基地	
	宗数（万宗）	比例 [1]（%）	宗数（万宗）	比例 [2]（%）
东部地区	345.66	3.53	84.68	0.87
中部地区	330.34	4.11	105.87	1.32
西部地区	220.55	2.90	67.50	0.89
东北地区	86.49	6.35	18.02	1.32
全国	983.04	3.67	276.06	1.03

注：①比例 [1]=闲置宅基地宗数/宅基地宗数；比例 [2]=空闲废弃宅基地宗数/宅基地宗数。

②受小数点四舍五入影响，数据以宗（亩）为单位和以万宗（万亩）为单位计算存在出入，表中数据均按照以宗（亩）为单位计算得出，下同。

二、宅基地管理情况

2022 年全国审批宅基地（包括新增宅基地审批和利用存量宅基地建房审批）宗数为 101.88 万宗、面积为 22.99 万亩。其中，"农用地转用"审批宅基地宗数为 9.63 万宗、面积 2.39 万亩（表 2）。2022 年全国征收宅基地宗数为 70.77 万宗、面积 25.57 万亩。按照征收面积排序，东部地区最大，为 12.29 万亩；中部、西部、东北地区依次为 6.78 万亩、5.39 万亩和 1.12 万亩。

表 2　全国审批宅基地情况

地区	审批宅基地		其中：农用地转用	
	宗数（万宗）	面积（万亩）	宗数（万宗）	面积（万亩）
东部地区	31.81	6.33	2.53	0.73
中部地区	26.93	6.08	2.83	0.60
西部地区	42.41	10.25	4.27	1.05
东北地区	0.72	0.33	0.005	0.002
全国	101.88	22.99	9.63	2.39

三、宅基地利用情况

（一）宅基地出租情况。2022 年全国出租宅基地宗数为 114.92 万宗、面积为 35.62 万亩。东部地区宅基地出租比例最高，为 0.81%；东北、西部和中部地区依次为 0.40%、0.21% 和 0.17%。上海、浙江和北京宅基地出租比例较高，分别为 4.90%、2.02% 和 1.88%；甘肃、湖北和海南较低，分别为 0.07%、0.08% 和 0.10%。

（二）宅基地转让情况。2022 年全国转让宅基地宗数、面积分别为 16.91 万宗、6.01 万亩，分别占全国宅基地宗数、面积的 0.06% 和 0.05%。东北地区宅基地转让比例最高，为 0.22%；东部、西部和中部地区依次为 0.09%、0.04% 和 0.03%。

（三）宅基地有偿使用情况。2022 年全国有偿使用宅基地面积 10.25 万亩。其中，中部地区有偿使用面积比例最高，为 0.13%；东部、西部和东北地区依次为 0.10%、0.02% 和 0.01%。

（四）宅基地有偿退出情况。2022 年全国有偿退出宅基地面积 8.38 万亩。其中，中部地区有偿退出面积比例最高，为 0.09%；西部、东部和东北地区依次为 0.055 4%、0.055 2% 和 0.01%。

（五）宅基地复垦情况。 2022 年全国复垦宅基地面积为 46.68 万亩。其中西部地区最多，为 19.53 万亩，中部、东部和东北地区依次为 14.24 万亩、12.53 万亩和 0.38 万亩。分省看，安徽、江苏和甘肃宅基地复垦面积位列全国前三，分别为 5.73 万亩、4.43 万亩和 4.20 万亩。

2022 年全国累计利用宅基地开展城乡建设用地增减挂钩面积 16.88 万亩。其中，中部地区利用城乡增减挂钩政策调剂到城市使用的面积最大，为 7.49 万亩；西部地区、东部地区和东北地区依次为 6.22 万亩、2.97 万亩和 0.20 万亩。安徽、四川和江苏城乡增减挂钩调剂使用面积位列全国前三，分别为 2.73 万亩、2.50 万亩和 2.02 万亩。

2022 年乡村治理情况

——农村合作经济统计分析报告之七

根据对全国 30 个省、自治区、直辖市（不含西藏，下同）乡村治理情况统计数据汇总分析，2022 年村民自治、法治建设、道德文化等相关情况较 2021 年整体向好。村务监督、村规民约基本实现全覆盖，农村财务公开频率提高，农村法治宣传教育次数增多，红白喜事简办制度、村庄规划覆盖率进一步扩大。

一、村民自治情况

村务监督组织接近全覆盖。2022 年全国设立了村务监督组织的行政村 50.08 万个，覆盖率 99.4%，比上年增加 0.08 个百分点。其中，北京、天津、上海、海南、吉林覆盖率达到 100%，黑龙江覆盖率最低为 96.9%。村规民约覆盖率较高。全国有村规民约的行政村 49.55 万个，覆盖率为 98.4%，比上年增加 0.33 个百分点。其中，上海覆盖率达到 100%，海南覆盖率最低为 86.3%。东部地区其他自发性群众社会组织数量较多。全国农村各类其他自发性群众社会组织 20.44 万个，每 100 个村平均拥有 40.58 个，比上年增长 6.2%。分区域看，东部地区每 100 个村平均拥有 49 个，中部地区 40 个，西部地区 37 个，东北地区 11 个。其中，北京最多为 116 个，辽宁最少为 10 个。农村财务公开频率每季度至少一次。全国农村年内财务公开 314.36 万次，平均每村每年公开 6.24 次，比上年增长 6.0%。分区域看，东部地区村年均公开 8.66 次，中部地区 4.28 次，西部地区 5.18 次，东北地区 5.66 次。其中，山东村年均公开次数最多为 12.43 次，广西最少为 2.64 次。

二、法治建设情况

超九成村实行"一村一辅警"。2022 年实行"一村一辅警"机制的村 43.53 万个，覆盖率为 86.4%，比上年增加 3.11 个百分点。其中，新疆覆盖率最高为 99.3%，内蒙古最低为 61.1%。法律顾问、法律服务工作室覆盖率较高。建立法律顾问、法律服务工作室的村 43.78 万个，覆盖率为 86.9%，比上年增加 2.74 个百分点。其中，北京覆盖率最高为 99.5%，内蒙古最低为 56.0%。农村法治宣传教育次数持续增加。2022 年全国农村开展法治宣传教育 221.51 万次，村均 4.40 次，比上年增长 4.7%。分区域看，东部地区村均开展 3.95 次，中部地区 3.61 次，西部地区 6.11 次，东北地区 3.06 次。其中，新疆村均最多为 20.24 次，河北最少为 2.15 次。

三、道德文化情况

红白喜事简办制度覆盖率较高。2022 年建立红白喜事简办制度的村 46.13 万个，覆盖率为 91.6%，比上年增加 2.2 个百分点。其中，山东最高为 99.7%，广东最低为 62.8%。文明家庭、道德模范等评比持续开展。全国获得各级政府评选的农村文明家庭、星级文明户、农村最美家庭、五好家庭等称号的农户 1 874.38 万户，村均 37.22 户，比上年增加 2.5%。东部地区获得"农村道德模范"等人数占比较大。全国获得各级政府评选的农村道德模范、感动人物、身边好人、最美人物等称号的人数 429.90 万人，村均 8.54 人。

四、乡村发展情况

村庄规划不断加强。2022 年全国有村庄规划的村 39.15 万个，占比 77.7%，比上年增加 2.56 个百分点。其中，江西有村庄规划的村占比最高为 94.3%，辽宁最低为 56.0%。村庄道路硬化率进一步提高。全国村庄内主要道路全部硬化的村 44.31 万个，占全国村庄数的 88.0%，比上年增加 1.79 个百分点。分区域看，东部地区、中部地区、西部地区和东北地区村庄内主要道路全部硬化的村分别占该地区村庄数的 88.2%、90.0%、90.8% 和 62.5%。村级综合服务站覆盖率持续增加。全国有村级服务站的村 40.04 万个，覆盖率 79.5%，比上年增加 2.4 个百分点。分区域看，东、中、西部地区村级服务站覆盖率均超过 75.0%，东北地区较低为 56.8%。其中，重庆覆盖率最高为 98.3%，辽宁最低为 51.0%。

附录

主要指标解释

（一）家庭农场情况统计表

家庭农场数量：家庭农场是指以家庭经营为基本单元，以农场生产经营为主业，以农场经营收入为家庭主要收入来源，从事农业规模化、标准化、集约化生产经营的新型农业经营主体。纳入本表统计的为农业农村部门名录管理家庭农场数量，指按照《关于实施家庭农场培育计划的指导意见》要求，符合当地农业农村部门提出的家庭农场名录管理要求，纳入当地农业农村部门家庭农场名录并填报全国家庭农场名录系统的家庭农场（含符合家庭农场条件的种养大户、专业大户等规模农业经营户）数量。

县级及以上农业农村部门评定的示范家庭农场（数量）：指依据县级及以上农业农村部门出台的有关办法，评定为示范家庭农场的数量。

家庭农场经营土地面积：指家庭农场实际经营农地的面积。

耕地（面积）：指家庭农场经营土地面积中，按照《土地利用现状分类》（GB/T 21010—2017），属于耕地的面积。

家庭承包经营（耕地面积）：指家庭农场实际经营耕地面积中以家庭承包方式获得的耕地面积。

流转经营（耕地面积）：指家庭农场实际经营耕地中属于以土地经营权租赁、转包、占有股份或其他方式流转而来的耕地面积。

园地（面积）：指家庭农场经营土地面积中果园、茶园、橡胶园以及其他园地的面积。

林地（面积）：指家庭农场经营土地面积中属于林地的面积。

草地（面积）：指家庭农场经营土地面积中属于草地的面积。

水面（面积）：指家庭农场经营土地面积中，用于渔业养殖的水域、滩涂的面积。

家庭农场劳动力数量：指家庭农场当年从事农业生产经营的家庭成员劳动力数量和常年雇工数量之和。

家庭成员劳动力（数量）：指家庭农场劳动力中身份为家庭成员的劳动力数量。

常年雇工劳动力（数量）：指家庭农场受雇期限年均 9 个月以上或按年计酬的雇工。

种植业（家庭农场）：指从事粮食作物、经济作物、园艺作物等农作物生产经营为主的家庭农场。

粮食产业（家庭农场）：指从事谷物、豆类、薯类生产经营为主的家庭农场。

(粮食产业家庭农场) 经营土地面积 50 ～ 100 亩（家庭农场）：指从事粮食作物种植面积在 50 亩以上，100 亩以下的家庭农场。包括 50 亩的，但不包括 100 亩的。其他依次类推。

畜牧业（家庭农场）：指从事畜禽繁育养殖，畜产品、牧草、饲料生产、加工、销售等为主的家庭农场。

生猪产业（家庭农场）：指从事生猪繁育养殖，猪肉生产、加工、销售等为主的家庭农场。

奶业（家庭农场）：指从事奶牛、奶羊养殖，牛奶、羊奶生产、加工、销售等为主的家庭农场。

渔业（家庭农场）：指从事水产繁育、养殖及捕捞，渔产品生产、加工、销售等为主的家庭农场，包括海水渔业和淡水渔业。

林业（家庭农场）：指从事林木栽培或林区管护，木材、林产品、林下产品生产、加工、销售等为主的家庭农场。

种养结合（家庭农场）：指综合开展种植业、养殖业生产经营的家庭农场。

农业服务业（家庭农场）：指为其他农业生产经营者提供服务为主的家庭农场。

年经营总收入：指家庭农场本年度在销售农产品、提供各项服务及让渡资产使用权等日常生产经营活动中所获得的收入。

10 万元以下（数量）：指本年度经营总收入在 10 万元以下（不包括 10 万元）的家庭农场。

10 万～30 万元（数量）：指本年度经营总收入在 10 万元以上，30 万元以下的家庭农场。包括 10 万元的，但不包括 30 万元的。其他依次类推。

50 万元以上（数量）：指本年度经营总收入在 50 万元及以上的家庭农场。

年净利润：指家庭农场本年度经营总收入减去各项投入和费用后的金额。

拥有注册商标的家庭农场数：指自行注册或经授权许可使用商标的家庭农场数量。

通过农产品质量认证的家庭农场数：指通过绿色食品、有机食品、地理标志农产品、森林食品等质量认证的家庭农场数量。

粮食作物种植面积：指家庭农场实际经营耕地中用于种植稻谷、小麦、玉米、豆类、薯类等粮食作物的面积，不含复种面积。

粮食产量：指家庭农场本年度生产的稻谷、小麦、玉米、豆类、薯类等粮食作物产量。计算方法豆类按去豆荚后的干豆计算；薯类（包括甘薯和马铃薯，不包括芋头和木薯）采用 5 折 1 核算为干重。

获得财政扶持资金的家庭农场数：指获得各级财政资金扶持的家庭农场数量。

各级财政扶持资金总额：指家庭农场本年度获得各级财政扶持资金的总额。

获得贷款支持的家庭农场数：指本年度获得贷款支持的家庭农场数量。

20 万元以下（数量）：指本年度获得贷款支持金额在 20 万元以下（不包括 20 万元）的家庭农场数量。

20 万～50 万元（数量）：指本年度获得贷款支持金额在 20 万元

以上，50万元以下的家庭农场数量。包括20万元的，不包括50万元的。

50万元以上（数量）：指本年度获得贷款支持金额50万元及以上的家庭农场数量。

获得贷款资金总额：指家庭农场本年度获得贷款资金总额，包含贷款还清后重新贷款的部分。

贷款余额：指家庭农场本年度尚未归还各类金融机构的贷款总额。

购买农业保险的家庭农场数：指本年度购买政策性保险或商业性保险的家庭农场数量。

（二）农业社会化服务情况统计表

农业社会化服务：指各类市场化服务主体围绕农业生产全链条，根据产前、产中、产后需要，提供的各类经营性服务。具体包括农牧渔业相关生产资料供应、农业市场信息、技术集成、农机作业及维修、动植物疫病防控、农业废弃物资源化利用、农产品营销、仓储物流和初加工等服务。

开展农业社会化服务的农民专业合作社数量：指除对本社成员提供服务以外，还对其他农业生产经营主体提供服务的农民专业合作社数量。

开展农业社会化服务的农村集体经济组织数量：指为本村或本村以外的农业生产经营主体提供社会化服务的农村集体经济组织数量。

开展农业社会化服务的企业数量：指为农户等各类农业生产经营主体提供社会化服务的企业数量。

开展农业社会化服务的农业服务专业户数量：指为农户等各类农业生产经营主体提供社会化服务，且提供服务所得收入占总收入60%以上的专业户数量。

开展农业社会化服务的供销合作社数量：指为农户等各类农业生

产经营主体提供社会化服务的供销合作社数量。

开展农业社会化服务的服务协会数量：指为农户等各类农业生产经营主体或服务主体提供社会化服务的服务协会或服务联盟数量。

开展农业社会化服务的其他服务组织数量：指为农户等各类农业生产经营主体提供社会化服务的其他服务组织数量，如服务联合体、服务平台、服务中心等。

从业人员数：指在本年度内，各类服务组织中相对固定的从业人员数量，包括管理人员、财会人员、农技人员、农机手等。

服务营业收入：指在本年度内，各类服务组织提供农业社会化服务所取得的收入总额。

服务小农户的营业收入：指在本年度内，各类服务组织向小农户提供农业社会化服务所取得的收入总额。其中，小农户是指仅经营家庭承包地的农户。

服务对象数量：指接受农业社会化服务的各类农业生产经营主体数量，包括小农户和各类新型农业经营主体数量。

农业生产托管：指农户等各类农业生产经营主体，在不流转土地经营权的条件下，将农业生产中的耕、种、防、收等全部或部分作业环节，委托给服务组织完成或协助完成的农业经营方式。

耕、种、防、收各环节托管服务面积：指农户等各类农业生产经营主体分别在耕、种、防、收四环节接受托管服务的面积，同一地块接受多次托管服务的累计计算服务面积。如1亩地在耕和收环节各接收1次托管服务的，托管服务总面积为2亩次。

服务粮食作物的面积：指各类服务组织托管服务粮食作物的面积，以亩次累计计算。其中，粮食作物包括谷物（稻谷、小麦、玉米）、豆类和薯类。

小农户托管的面积：指小农户接受服务组织提供托管服务的面积，不包括农民专业合作社、农业企业等新型农业经营主体接受托管服务的面积。

农业生产托管服务对象数量：指接受农业生产托管服务的各类农业生产经营主体数量，包括小农户和各类新型农业经营主体数量。

（三）农民专业合作社情况统计表

农民专业合作社数：指按照《中华人民共和国农民专业合作社法》《农民专业合作社登记管理条例》《中华人民共和国市场主体登记管理条例》等法律法规登记注册，登记类型为农民专业合作社的数量。

示范社数：指由县级及以上（包括县级）农业农村主管部门牵头，会同有关部门，依据示范社创建标准认定的农民专业合作社示范社的数量。

农民专业合作社成员数：指农民专业合作社年末在册成员数量。

普通农户数：指农民专业合作社年末在册成员中身份为农民的成员数量，不包括本表中家庭农场成员数。

建档立卡脱贫农户数：指经过扶贫部门识别，并纳入全国扶贫开发信息系统的建档立卡的农户数量。

家庭农场成员数：指农民专业合作社年末在册成员中身份为农民，且被农业农村部门认定为家庭农场的成员数量。

企业成员数：指农民专业合作社年末在册成员中身份为企业的成员数量。

其他成员数：指按照《中华人民共和国农民专业合作社法》《农民专业合作社登记管理条例》《中华人民共和国市场主体登记管理条例》等有关规定加入农民专业合作社的市民、事业单位、社会组织等成员数量。

货币出资成员数：指农民专业合作社中以货币出资为主的成员数量。

土地经营权作价出资成员数：指农民专业合作社中以土地经营权

作价出资为主的成员数量。

种植业及相关合作社数：指从事粮食作物、经济作物、园艺作物等农作物生产经营服务为主的农民专业合作社数量。

粮食产业合作社数：指从事谷物、豆类、薯类生产经营服务为主的农民专业合作社数量。

蔬菜产业合作社数：指从事蔬菜生产经营服务为主的农民专业合作社数量。

林业及相关合作社数：指从事林木栽培或林区管护，木材、林产品、林下产品生产、加工、销售等服务为主的农民专业合作社数量。

畜牧业及相关合作社数：指从事畜禽繁育养殖，畜产品、牧草、饲料生产、加工、销售等服务为主的农民专业合作社数量。

生猪产业合作社数：指从事生猪繁育养殖，猪肉生产、加工、销售等服务为主的农民专业合作社数量。

奶业合作社数：指从事奶牛、奶羊养殖，牛奶、羊奶生产、加工、销售等服务为主的农民专业合作社数量。

肉牛羊产业合作社数：指从事肉牛羊繁育养殖，牛肉、羊肉生产、加工、销售等服务为主的农民专业合作社数量。

肉鸡产业合作社数：指从事肉鸡繁育饲养，鸡肉生产、加工、销售等服务为主的农民专业合作社数量。

蛋鸡产业合作社数：指从事蛋鸡繁育饲养，鸡蛋生产、加工、销售等服务为主的农民专业合作社数量。

渔业及相关合作社数：指从事水产繁育、养殖及捕捞，渔产品生产、加工、销售等服务为主的农民专业合作社数量，包括海水渔业和淡水渔业。

服务业合作社数：指为农业生产者提供产前、产中、产后服务为主的农民专业合作社数量。

农机服务合作社数：指从事农机作业服务为主的农民专业合作社

数量。

植保服务合作社数：指从事防治病虫害等植物保护服务为主的农民专业合作社数量。

牵头人身份：指农民专业合作社的法定代表人（理事长）或牵头领办人的职业身份。农民专业合作社的牵头人由农民担任的，属于农民牵头领办；由企业指派的代表担任的，属于企业牵头领办。

产加销一体化服务合作社数：指为成员提供生产、加工、储藏、包装、销售等环节一体化服务的农民专业合作社数量。

运销服务为主合作社数：指主要为成员提供运输、销售服务的农民专业合作社数量。

加工服务为主合作社数：指主要为成员提供农产品加工服务的农民专业合作社数量。

统一组织销售农产品总值：指农民专业合作社本年度统一为成员销售农产品的总金额。

统一销售农产品 80% 以上的合作社数：指农民专业合作社本年度统一为成员销售产品占成员当年销售产品总值 80% 以上的农民专业合作社数量。

统一组织购买农业生产投入品总值：指农民专业合作社本年度统一为成员购买的农用生产资料等投入品总金额。

统一购买比例达 80% 以上的合作社数：指农民专业合作社本年度统一为成员购买农业生产投入品占成员当年农业生产投入品购买总额 80% 以上的农民专业合作社数量。

拥有注册商标的合作社数：指通过直接注册或经授权许可使用商标的农民专业合作社数量。

通过农产品质量认证的合作社数：指取得绿色食品、有机农产品、地理标志农产品等质量认证的农民专业合作社数量。

土地经营权作价出资的合作社数：指以成员承包土地经营权作价

出资为主组建的农民专业合作社数量。

作价出资土地面积：指年末在册成员以承包土地经营权作价出资的土地面积。

开展内部信用合作的合作社数：指按照"成员制、封闭型"原则，在成员内部开展信用合作业务的农民专业合作社数量。

参与信用合作的成员数：指本年度参与农民专业合作社内部信用合作的成员数量。

入股互助资金总额：指本年度参与内部信用合作的农民专业合作社成员，以入股方式缴纳的互助资金总额。

成员使用互助资金总额：指本年度农民专业合作社成员使用互助资金的总额。

开展互助保险的合作社数：指本年度开展互助保险业务的农民专业合作社数量。

参与互助保险成员数：指本年度参与农民专业合作社互助保险的成员数量。

成员支付保费总额：指本年度农民专业合作社成员参与互助保险缴纳的保费总额。

成员获得保险赔偿总额：指农民专业合作社成员本年度获得互助保险赔付的资金总额。

创办实体的合作社数：指创办了农产品和其他产品加工、流通、营销等实体的农民专业合作社数量。

开展农村电子商务的合作社数：是指利用互联网等现代信息技术，在网上完成产品或服务的销售、购买和电子支付等业务交易的农民专业合作社数量。

开展休闲农业和乡村旅游的合作社数：指利用土地、闲置农宅等乡村资源要素，开发经营休闲农业和乡村旅游的农民专业合作社数量。

从事民间工艺及制品开发经营的合作社数：指从事民间工艺、开发经营工艺制品的农民专业合作社数量。

农民专业合作社经营收入：指农民专业合作社本年度内通过提供农业生产资料的购买、农产品的销售、加工、运输、贮藏、与农业生产经营有关的技术、信息等服务取得的总收入。

农民专业合作社上缴的税金总额：指农民专业合作社本年度上缴的各类税金总额。

农民专业合作社盈余：指农民专业合作社本年度获得的盈余总额，即经营收益＋其他收入－其他支出。

农民专业合作社可分配盈余：指农民专业合作社本年度盈余在弥补亏损、提取公积金后，可在农民专业合作社成员中分配的金额，即可分配盈余＝盈余－弥补亏损－提取公积金。

按交易量返还成员总额：指农民专业合作社本年度可分配盈余中，按成员与本社交易量（额）的比例返给成员的总金额。

按股分红总额：指农民专业合作社本年度以成员账户中记载的出资额、公积金份额、本社接受国家财政直接补助和他人捐赠形成的财产平均量化到成员的份额等，按比例分配给本社成员的盈余总金额。

可分配盈余按交易量返还成员的合作社数：指本年度根据成员与本社交易量（额）比例返还可分配盈余的农民专业合作社数量。

当年获得财政扶持资金的合作社数：指本年度获得各级财政扶持资金的农民专业合作社数量。

当年财政扶持资金总额：指本年度各级财政对农民专业合作社的扶持资金总额。

当年承担国家财政项目的合作社数：指本年度通过招投标、政府购买、委托实施等方式，承担各级政府财政项目的农民专业合作社数量。

当年承担国家涉农项目的合作社数：指本年度通过招投标、政府购买、委托实施等方式，承担各级政府涉农项目的农民专业合作社数量。

当年贷款余额：指本年度末农民专业合作社尚未归还各类金融机构的贷款总额。

农民专业合作社联合社数：指按照《中华人民共和国农民专业合作社法》《农民专业合作社登记管理条例》《中华人民共和国市场主体登记管理条例》等法律法规登记注册，登记类型为农民专业合作社联合社的数量。

农民专业合作社联合社成员数：指农民专业合作社联合社年末在册成员社的数量，依据《中华人民共和国农民专业合作社法》，农民专业合作社联合社成员须为农民专业合作社。

农民专业合作社联合社经营收入：指联合社本年度内通过提供农业生产资料的购买、农产品的销售、加工、运输、贮藏、与农业生产经营有关的技术、信息等服务取得的总收入。

农民专业合作社联合社盈余：指联合社本年度获得的盈余总额，即经营收益＋其他收入－其他支出。

农民专业合作社联合社可分配盈余：指联合社本年度盈余，在弥补亏损、提取公积金后，可在联合社成员社中分配的金额，即可分配盈余＝盈余－弥补亏损－提取公积金。

成立基层党组织的农民专业合作社数：指通过单建、联建、挂靠等方式建立党小组或党支部、党委的农民专业合作社数量。

农民专业合作社成员中党员数：指农民专业合作社成员中中国共产党党员的数量。

农民专业合作社联合会数：指以农民专业合作社为主体自愿联合成立，经民政部门注册登记的社团组织数量。

（四）农民负担情况统计表

上交集体各种款项：指农户年内上交村集体经济组织的全部款项。

其中包括以罚款名义收取的款项。不包括一事一议筹资、集资摊派和向有关部门或单位交纳的款项。

土地承包金：指农户以承包金名义向村集体经济组织交纳的各种款项。包括专业或招标承包果园、鱼塘、机动地、"四荒"，按合同规定上交的承包金。

共同生产费用：指农户以"村级共同生产费用"名义向村集体经济组织交纳的各种款项。如水利设施维修费、灌溉和排涝费、集体林木管护费等。

建房收费：指村集体经济组织向农户收取的有关农民建房方面的款项。如宅基地费等。

（上交集体各种款项）其他款项：指农户向村集体经济组织交纳的上述项目以外的款项，其中包括以罚款名义收取的款项。如土葬时交纳的款项（墓地占用费、林木补偿费、占用林地安置补偿费等）；对采取村集体经济组织内部家庭承包方式承包的土地，以承包费等名义交纳的费用；计划生育方面的收费。

一事一议筹资筹劳涉及村数：指当年开展一事一议筹资筹劳（包括只筹资＋只筹劳＋既筹资又筹劳）的总村数。

一事一议筹资：指依据政策规定，经民主程序讨论通过并履行规定的审批程序，当年向农民收取的用于村内农田水利基本建设、植树造林、修建村内道路、农业综合开发等集体生产生活公益事业的资金总额。

一事一议筹资涉及村数：指当年开展一事一议筹资（包括只筹资＋既筹资又筹劳）的总村数。

一事一议筹资涉及人数：指当年开展一事一议筹资的总人数。

一事一议筹劳：指依据有关政策规定，经民主程序讨论通过并履行规定的审批程序，当年组织农民出工进行村范围内的农田水利基本建设、植树造林、修建村内道路、农业综合开发等集体生产生活公益事业的用工数。以工日计算。

一事一议筹劳涉及村数：指当年开展一事一议筹劳（包括只筹劳＋既筹资又筹劳）的总村数。

一事一议筹劳涉及人数：指当年开展一事一议筹劳的总人数。

一事一议筹劳以资代劳工日数：指以资代劳的总工日数。

一事一议筹劳以资代劳资金数：指按照当地规定的工值计算的以资代劳的资金总额。工值乘以资代劳的总工日数即为一事一议筹劳以资代劳总金额。

农业生产性收费：指由政府定价、由有关部门或单位向农户收取的农业生产性费用。主要包括农业灌溉水费、农业灌溉电费等。

农业灌溉水费：指国有水利工程水费、民办民营小型水利工程水费等。

农业灌溉电费：指用电机为动力抽水灌溉农田，消耗电所支出的费用。包括由村集体经济组织为农户承担的电费。

（农业生产性收费）其他收费：指上述项目以外的农业生产性收费。如农业科技推广费、植物保护收费，易涝地区排涝排渍费等。

行政事业性收费：依据 2018 年国家发展改革委、财政部印发《行政事业性收费标准管理办法》，行政事业性收费指国家机关、事业单位、代行政府职能的社会团体及其他组织根据法律法规等有关规定，依照国务院规定程序批准，在实施社会公共管理，以及在向公民、法人和其他组织提供特定公共服务过程中，向特定对象收取的费用。涉及农民的行政事业性收费，包括行政管理类收费（证照工本费）、资源补偿类收费、鉴定类收费等。

农民建房收费：指有关部门或单位向旧房翻建新房、用耕地和非耕地建房户收取的办证工本费和其他收费，如耕地开垦费等。

外出务工经商收费：指有关部门或单位向外出务工经商农民收取的办证工本费和其他收费。

农机、摩托车、三轮车和低速载货汽车收费：指农机是指 20 马力[*]以下的小型方向盘拖拉机（含手扶拖拉机）、20 马力以上的大中型拖拉机（不包括联合收割机）。摩托车是指普通摩托车（最大设计时速大于 50 公里/小时或发动机气缸总排量大于 50 毫升，包括二轮、三轮）、轻便摩托车（最大设计时速小于等于 50 公里/小时或发动机气缸总排量小于等于 50 毫升）。三轮汽车是指原三轮农用运输车，以柴油机为动力，最高设计车速小于或等于 50 公里/小时，具有三个车轮和驾驶室，采取方向盘转向、由传动轴传递动力。低速载货汽车是指原四轮农用运输车，以柴油机为动力，最高设计车速小于或等于 70 公里/小时，具有四个车轮的货车。

农机、摩托车、三轮车、低速载货汽车收费是指有关部门或单位收取的农机监理费（号牌、号牌架、行驶证、年检费等）、养路费，摩托车、三轮车、低速载货汽车牌证费、行驶证、驾驶证、驾驶员考试费、养路费等项收费。不包括载货汽车、载客汽车和微型客、货汽车的收费。

计划生育收费：指有关部门或单位向农村生育户收取的办证工本费、社会抚养费和其他收费。

（行政事业性收费的）其他收费：指上述项目以外的收费。如有关证照工本费（身份证、结婚证等）、殡葬收费、生猪屠宰收费和矿产资源补偿费等。

农村义务教育收费：指政府举办的农村小学、初中向学生收取的教育费用，包括作业本费、代办费、其他收费。不包括各种教育集资和高中、职业高中、中等专业学校、私立学校及高等教育学校等收取的费用。作业本费指政府举办的农村小学、初中向学生收取的作业本费用。代办费指保险费、校服、体检费、课外读物费、电影费、补课

---

[*] 马力为非法定计量单位，1 马力 ≈ 0.735 千瓦。——编者注

费等。其他收费指作业本费、代办费以外的教育收费，如借读费、住宿费等，不包括伙食费。

农村义务教育在校学生数：指政府举办的小学、初中在校的学生数。

罚款：指各级政府及其部门和有关单位以"罚款"名义向农户收取的款项。

集资摊派：指地方政府、各部门和村集体经济组织为了兴办某项事业和某项建设向农户筹集、摊派的款项。如乡村道路集资摊派、水利集资摊派、办电集资摊派、报刊摊派、保险摊派、电影摊派等款项。不包括一事一议筹资。

（五）农经机构队伍情况统计表

农经机构：是指地方各级人民政府设立的专职承担农村经营管理职能的机构数量，如行政性的处、办、科、股和事业性的农经站、会计辅导站、土地流转服务中心、专业合作经济组织服务中心等，两块牌子一套人马的按1个机构统计。

乡镇级机构数：指乡镇一级设置的承担农村经营管理职能的工作机构数。有的地方由行政机构承担，有的地方由专职事业性机构承担。

职责明确由行政机构承担的（乡镇级机构数）：指乡镇一级已明确承担农村经营管理职能的行政机构数量。按照国务院要求，乡镇农村经营管理职能列入政府职责，一些地方明确了在乡镇政府中承担农经职能的工作机构，一般这些工作机构还承担其他职能，但只要明确承担农经职能就应纳入统计范围。

职责由专职事业机构承担的（乡镇级机构数）：指乡镇一级专职承担农村经营管理职能的事业性机构数。

实有人数：指农经机构中实际在岗人员总数。单设机构按照全部在岗人员统计。

在编人数：指占用农经机构人员编制的人员数，即在编在岗和在编不在岗人员数之和。

专业技术职称人数：指在编人员中经国家有关部门考评取得相应资格并由单位聘任为相应技术职务的人员数。

未明确承担农经职能机构的乡镇数：指没有明确承担农村经营管理职能的机构的乡镇数，既没有单独设置，也没有分解设置承担农经职能机构的乡镇数。

职责分解设置的乡镇机构数：指由多个乡镇机构分散承担农村经营管理工作职能，且非专职承担农经工作职能的机构数。如农业综合服务站（中心）、财政（经）所等。此类型机构不计入乡级农经机构总数。

（六）农村宅基地管理利用情况统计表

宅基地宗数：指本行政区域内农村村民住宅及其生活附属设施占用的集体建设用地（包括住房、附属用房和庭院等占地）的宗数。统计范围包括已经建设住宅的土地、建过住宅但已废弃或拆除的土地，以及已经批准为宅基地但尚未开展建设的土地，不包括集中上楼安置的农民住宅占地情况。

非本集体成员占有的宅基地宗数：指非本集体经济组织成员通过继承农房或其他方式占有的宅基地宗数。

闲置宅基地宗数：指地上房屋倒塌或无房屋的宅基地，以及地上房屋无人居住时间超过一年的宅基地宗数。

空闲废弃宅基地宗数：指地上房屋倒塌或无房屋的宅基地宗数。

审批宅基地宗数和面积：指统计年度内，地方政府依法批准使用宅基地的宗数和面积。统计范围包括原址翻建、改扩建、异址新建等占用土地。

农用地转用宗数和面积：指统计年度内，地方政府依据《土地管理法》有关规定，将农用地转为建设用地，并确定为宅基地的宗数和面积。

征收宅基地宗数和面积：指统计年度内，县级及以上地方人民政府为了公共利益需要，依照法定程序和权限征转为国有土地的宅基地宗数和面积。

出租宅基地宗数和面积：指统计年度内，农村村民将宅基地使用权出租给他人的宅基地宗数和面积。

转让宅基地宗数和面积：指统计年度内，农村村民将宅基地使用权转让给他人的宅基地宗数和面积。

有偿使用宅基地面积：指统计年度内，由村集体在民主协商基础上收取有偿使用费的宅基地面积。包括本集体成员占用超出本省（区、市）规定标准部分的宅基地，以及非本集体成员通过继承农房或其他合法方式占用的宅基地。

有偿退出宅基地面积：指统计年度内，农村村民按照自愿有偿的原则，退还给村集体的宅基地面积。

复垦宅基地面积：指统计年度内，通过工程和生物技术等手段，将宅基地复垦为耕地等农用地，并通过复垦验收的土地面积。

城乡增减挂钩调剂使用面积：指统计年度内，利用城乡建设用地增减挂钩政策，将宅基地复垦腾退的建设用地指标调剂到城市使用的面积。

（七）乡村治理情况统计表

有村务监督组织的村数：指依据《村民委员会组织法》和中办国办《关于建立健全村务监督委员会的指导意见》，设立村务监督委员会、村务监督小组等村务监督组织，对村务、财务管理等情况进行监督，受理和收集村民有关意见建议的村数。

年内财务公开的次数：指年内通过一定的形式（如上公开栏张贴、电子触摸屏、发放资料等）和程序将本村财务情况告知全体村民的次数。

有村规民约的村数：指结合本村实际，通过征集民意、拟定草案、提请审核、审议表决、备案公布等程序，制定村规民约的村数。

其他自发性群众社会组织数：指红白理事会、"五老会"、道德评议会、村民说事议事会等群众社会组织的数量。

实行"一村一辅警"的村数：指通过聘用、派驻等方式在村内设置辅警的行政村数量。

建立法律顾问、法律服务工作室的村数：指在村民委员会建立法律服务工作室，或者设有法律顾问为村民提供法律服务的行政村数量。

年内开展农村法治宣传教育的次数：指在行政村内通过法律知识宣传、以案说法、开庭审判等方式开展农村法治宣传教育的次数。

建立红白喜事简办制度的村数：指通过村规民约、红白理事会章程等方式，对村民操办红白喜事提出规范要求的行政村数量。

"农村文明家庭"等户数：指获得各级政府评选的农村文明家庭、星级文明户、农村最美家庭、五好家庭等称号的户数。

"农村道德模范"等人数：指获得各级政府评选的农村道德模范、感动人物、身边好人、最美人物等称号的人数。

有乡村特色文化产业的村数：指依据《乡村振兴战略规划（2018—2022 年）》，在保护传承乡村特色文化的基础上，创造性转化、创新性发展，培育发展乡村特色文化产业的行政村数量。

有村庄规划的村数：指依据《中华人民共和国城乡规划法》《村庄和集镇规划建设管理条例》《村镇规划编制办法》等要求，编制了村庄规划的行政村数量。

村庄道路全部硬化的村数：指村内街巷的道路已全部通过覆盖沥青混凝土、水泥混凝土等硬化层实施硬化的行政村数量。

有农村社区综合服务站的村数：指在村内建立为农民群众提供政务、缴费、信息、技术等便民服务的农村社区综合站的行政村数量。